ISMAEL CALA

A OTRO NIVEL

Un camino hacia la excelencia y el éxito

Edición: Cristina Alemany
Diseño: María Constanza Gibaut

Argentina: San Martín 969 piso 10 (C1004AAS) Buenos Aires
Tel./Fax: (54-11) 5352-9444 y rotativas
e-mail: editorial@vreditoras.com

México: Dakota 274, Colonia Nápoles
CP 03810 - Del. Benito Juárez, México D. F.
Tel./Fax: (5255) 5220-6620/6621
e-mail: editoras@vergarariba.com.mx

ISBN: 978-987-612-972-5

Impreso en Chile por RRDonnelley • Printed in Chile

Agosto de 2015

Cala, Ismael
Escala a otro nivel. - 1a ed. - Ciudad Autónoma de Buenos Aires: V&R, 2015.
152 p.; 22x14 cm.

ISBN 978-987-612-972-5

1. Superación Personal. I. Título
CDD 158.1

ISMAEL CALA

EsCala
A OTRO NIVEL
Un camino hacia la excelencia y el éxito

V&R
EDITORAS

Contenido

Introducción. 9

PARTE I Mirarnos por dentro. 11
Los sueños: misión posible 12
Un (gran) sueño a la vez. 14
Entusiasmo, soplo divino 16
La prudencia y el éxito 18
Esperanza y optimismo: buscando el amanecer . . 20
Cómo lidiar con la frustración 22
En paz con nosotros mismos 24
Una manera sabia de escuchar 26
La lectura forja sueños 28
Reflexión, un arma de vida 30
La duda 34
El escorpión y los instintos 39
La mano de Dios y las corazonadas. 41
Saber mirar atrás. 43
En su justa medida 45
Hay un rumor. 47
¡Sí y no a la rutina! 49
Gestos y palabras 52
Vives como piensas 54
Pereza y orquídeas 56
Amor y tecnología 58
Quiérete para ser feliz. 60
La felicidad radica en nosotros 62

PARTE 2 El poder de dar 65
El don de dar 66
Bondad es poder 68
La responsabilidad de todos 70
Perdonar y... ¿olvidar? 72
La grandeza de la cortesía. 74
¿Tolerar la intolerancia? 76
¡Sonriamos! 78

PARTE 3 Personajes 81
Caminar hacia adelante. 82
La longevidad de un emigrante luchador 84
Cuando la cuerda se tensa... 86
La vida suele ser rápida y furiosa 88
Soñar, nadar, llegar... 90

PARTE 4 Viajar, descubrir, vivir... 93
Ciudadano del mundo 94
Carnavales de Río: sueño cumplido 96
Ciudades con encanto 99
La India, ¡un país único! 101
Tailandia: no solo bambú y elefantes 103
Tocando el cielo con las manos. 105
Honduras hacia las alturas 107
Tu capacidad de amar 111

PARTE 5 Liderazgo. 115

¿Eres líder? 116

Insignificantes, ¡nunca!. 119

No al fracaso: somos hijos del éxito 121

Enfrentar y vencer el miedo. 123

Un río con brillo de fuego. 125

Perseverar es triunfar. 127

Talento y genialidad 130

Confía en ti 132

Sueños e ilusiones 135

Empleo: ¿permanecer o cambiar? 137

¿Retar a Dios?. 139

La infelicidad de los conformes 141

¿Por qué no ser un eterno Principito?. 143

La obediencia y sus límites 145

Huir de la mediocridad 148

Introducción

Escribir es elegir palabras e ideas, edificar un todo a partir de experiencias, conocimientos y convicciones. En mis columnas o reflexiones, que aparecen semanalmente en una treintena de publicaciones de Estados Unidos y América Latina, intento aportar visiones positivas, en un mundo dominado por el ruido, la beligerancia y el estrés.

No es fácil escribir sobre temas interesantes, sobre todo si enfrentamos una vida agitada, repleta de compromisos laborales y personales. Por ello he debido convertir los aviones en atípicas oficinas. Desde hace varios años aprovecho los viajes para escribir, tomar notas, grabar ideas o reflexionar acerca de asuntos que más adelante podría desarrollar. La mayor parte de los textos recopilados aquí nacieron a miles de pies de altura.

Hoy, contextualizados y en otro formato, los pongo a disposición de mis lectores, porque creo que vale la pena retomarlos.

El mensaje de estas reflexiones va dirigido al mejoramiento humano, a la necesidad de transformar paradigmas y escalar a otros niveles. No son homilías ni discursos cerrados, sino puntos de partida para el debate colectivo.

Las columnas representan otra vía de comunicación con las personas y complementan mis labores en la televisión o en la escritura de libros. Deseo profundamente que puedan servirte como instrumento de reflexión, en el hermoso camino de cambiar, compartir y vivir. Mi mayor satisfacción será que obtengas algo provechoso al leerlas.

Ismael Cala

Mirarnos por dentro
PARTE 1

Los sueños: misión posible

"Un hombre que no se alimenta
de sus sueños envejece pronto".
William Shakespeare

C uando John Lennon tenía apenas siete años su profesora le preguntó: "¿Qué quieres ser cuando seas grande?". Él respondió: "Quiero ser feliz". A pesar de morir joven, Lennon hizo realidad su sueño de ser un gran músico y saboreó el éxito; de modo que logró ser feliz por una sencilla razón: la felicidad está estrechamente ligada a la realización de los sueños.

Quizá no todos tengan respuestas tan geniales como esta, pero cuando se le pregunta a un niño qué quiere ser cuando sea grande, no titubea en contestar: cosmonauta, actor famoso, médico, campeón o medalla olímpica en su deporte favorito y otras respuestas similares. Los niños vuelan alto porque procesan la realidad a través de su fantasía y se permiten soñar sin límites.

Sin embargo, en la medida que crece, el ser humano va perdiendo esa virtud. El ambiente social, las relaciones familiares, los retos de la vida misma provocan que se adapte y se convierta en un ser rutinario, que limita el ímpetu de sus sueños y sus posibilidades de alcanzar la felicidad.

Cuando se cae en ese estado, se desaprovecha el regalo principal que nos ha dado Dios: la inteligencia. Gracias a la inteligencia, nuestra imaginación y nuestras posibilidades de desarrollo son ilimitadas pero, si nos establecemos y estamos cómodos, dejamos de soñar, las desperdiciamos. Nos olvidamos de vivir y comenzamos a sobrevivir.

Todo lo que el ser humano es capaz de imaginar, es capaz de hacerlo realidad. De ahí la importancia de no dejar escapar ese don de soñar con el cual nacimos.

Nunca debemos perder de vista nuestros deseos aunque ya no seamos niños. Voy más allá y cito al gran escritor estadounidense William Faulkner: "Tengamos sueños lo bastante grandes como para no perderlos de vista mientras se persiguen".

No hay éxito más anhelado que aquel que se logra tras perseguir un gran sueño, sobre todo cuando se requirió de mucho esfuerzo y dedicación. El propio Lennon y sus compañeros de grupo tuvieron que tocar más de 300 veces en los bajos fondos de Liverpool antes de llegar adonde llegaron.

El éxito no se alcanza fácilmente; tenemos que vivir convencidos de que es así, pero cuando se anhela y se lucha con tenacidad, llega más tarde o más temprano. Y si no resulta, al menos queda la satisfacción de haberlo intentado, que siempre es mucho más reconfortante que no haber hecho nada.

Hay quienes dicen: "Yo sueño con lograr todo lo posible". Pero para lograr lo posible no hace falta soñar. Lo posible está ahí, a la vuelta de la esquina, es algo factible, a veces rutinario.

Repito el concepto de William Faulkner: *tengamos sueños grandes*. Soñemos con lo imposible y nos convenceremos de que si trabajamos con pasión, inteligencia y perseverancia, dejará de ser algo remoto para convertirse en algo posible: *un sueño cumplido*.

Todo lo que el ser humano es capaz de imaginar, es capaz de hacerlo realidad.

Un (gran) sueño a la vez

Existe un refrán que dice que quien mucho abarca poco aprieta. Al menos, es un dicho muy popular en mi pueblo, allá en Cuba, y se refiere a quienes intentan consumar más de un propósito al mismo tiempo y, como resultado, no concluyen ninguno.

Séneca, el gran filósofo romano, un par de siglos antes de Cristo ya había advertido que cuando una persona intenta hacer varias cosas a la vez, termina sin completar ninguna.

¡Se es buen pelotero o buen basquetbolista! Así sucede en todas las esferas de la vida, incluyendo los sueños. ¡Se lucha por uno o por otro, pero nunca por dos a la vez!

Recuerdo la fatal experiencia de Michael Jordan, que para la mayoría es el jugador de baloncesto más grande de todos los tiempos; una vez pretendió jugar al béisbol. Quiso ser grande en dos deportes de altísimo nivel, pero no lo logró. Entonces volvió al baloncesto. Recuerdo su frase *I'm back* (he vuelto). Jordan brilló hasta el último momento de su carrera, pero con el sabor amargo de un fracaso.

Alcanzar el éxito es hacer realidad un sueño. Pero, más que una meta final, esa conquista se convierte en un nuevo punto de partida hacia anhelos y logros más abarcadores. Un éxito debe inspirar a otro superior, pero siempre han de ir uno detrás del otro, de manera ascendente.

Según el psicólogo y Premio Nobel israelí-estadounidense Daniel Kahneman, "no existe el concepto real de la multitarea". En su libro *Pensando rápida y lentamente*, sugiere que "volvamos a la interesante práctica de hacer una cosa a la vez para ser más eficaces y eficientes... Es muy sencillo hacer una sola cosa y luego pasar a la siguiente". Con su permiso, me gustaría parafrasear a este autor: *No existe el concepto de los multisueños... Asegura un éxito y disponte para el otro, nunca asumas dos anhelos al mismo tiempo.*

Esto no quiere decir que, muchas veces, a la hora de luchar por un objetivo, no tengamos que hacer decenas de cosas al mismo tiempo: revisar mensajes, atender a otras personas, responder llamadas telefónicas, darle calor a la familia, asistir a una junta de trabajo y resolver otros problemas cotidianos que nos impone la vida moderna... Pero todos han de estar enfocados hacia el cumplimiento de un objetivo esencial, un propósito básico.

Cuando pretendemos concretar varios proyectos a la vez perdemos la perspectiva y se enrarece la eficacia, como dice Kahneman. Todo se torna embarazoso, se enredan las cosas, irrumpe el estrés con sus consecuencias dañinas, lo esencial se disuelve entre lo secundario y la indecisión hace de las suyas. En resumen, el caos.

Querer abarcar mucho es síntoma de impaciencia u obsesión por alcanzar el éxito. Vamos a encarar solo un anhelo por vez, vamos a "echarle ganas", como dicen nuestros hermanos mexicanos, y les aseguro que el éxito no se nos escapa; por el contrario, se aferrará a nosotros y siempre lo tendremos bien amarrado.

Alcanzar el éxito es hacer realidad un sueño.

Entusiasmo, soplo divino

"No dejes apagar el entusiasmo,
virtud tan valiosa como necesaria; trabaja,
aspira, tiende siempre hacia lo más alto".
Rubén Darío

El entusiasmo no es una virtud con la que nacemos ni una facultad que adquirimos y desarrollamos durante la vida. No se aprende en ninguna escuela, no existe una manera puntual de medir su intensidad, no es patrimonio de una raza, de un país, de un credo religioso ni de una tendencia filosófica.

Los antiguos griegos, hace ya más de dos mil años, intentaron hurgar en las razones que permitían a una persona entusiasmarse por algo. Tenían la firme convicción de que cuando esto sucedía, el ser humano era capaz de lograr lo que se le antojara. Fueron las autoridades religiosas de la época quienes dieron una explicación muy acorde con sus intereses: "Una persona entusiasmada encierra dentro de su pecho la fuerza y la sabiduría de un Dios".

Hay quienes afirman, utilizando términos más actuales, que el entusiasmo es una exaltación de nuestro estado de ánimo, provocada por una gran carga de energía positiva que llevamos dentro.

Los griegos de entonces no estaban identificados con afirmaciones tan modernas. Por eso creo que su definición no se alejaba mucho de la verdad. No es un don, no tendremos un Dios metido dentro, pero nada más parecido a una carga positiva de tal magnitud que un soplo divino. Los resultados que logramos cuando nos entusiasmamos, en ocasiones, parecen ser obra de la mano del Creador.

El gran industrial estadounidense Henry Ford atribuía sus éxitos a la carga de entusiasmo que imprimía a sus proyectos. Decía que el entusiasmo es "la irrefrenable voluntad y energía que hacen realidad vuestras ideas... y con las que se pueden alcanzar hasta las estrellas".

Vivir y actuar armados de esta actitud es esencial a la hora de luchar por nuestros deseos. Pero hay otro aspecto muy importante en todo esto: el entusiasmo es contagioso. Gracias a él, llega un momento en el que no estamos solos en el camino hacia los sueños, nuestra individualidad trasciende.

La persona entusiasta tiene la gran ventaja de ser optimista por naturaleza. El optimismo no es más que la creencia invariable de que algo bueno va a ocurrir; el entusiasmo es la fuerza positiva que necesita la acción transformadora para hacer cumplir las expectativas del optimismo.

Entusiasmo y optimismo no son lo mismo, pero van de la mano y se complementan uno al otro. Son dos armas que nunca debemos abandonar en el quehacer diario, mucho menos cuando se trata de lograr el éxito.

Sea cual fuere su verdadero origen, y aunque no seamos capaces de hacer una definición exacta de lo que realmente es o de cómo se siente, todos debemos enfrentar la vida con una buena dosis de entusiasmo. Y no solo "alcanzar las estrellas", como dijo Henry Ford, sino tratar de conquistarlas.

Haz que el entusiasmo dibuje tu vida. Nunca lo dejes apagar.

La persona entusiasta tiene la gran ventaja de ser optimista por naturaleza.

La prudencia y el éxito

*"La prudencia es la
base de la felicidad".*
Sófocles

La prudencia posibilita pensar antes de actuar o hablar. Es la capacidad que nos permite planificar, luego de un razonamiento lógico, todo lo que vamos a hacer o decir. Es la más influyente de las virtudes a la hora de tomar decisiones.

El ser prudentes nos permite prever las consecuencias de nuestras acciones y de nuestras palabras. Nos evita correr riesgos innecesarios. Es la virtud más estrechamente ligada a la inteligencia. Tiene como finalidad ayudarnos a obtener resultados positivos en cada uno de nuestros proyectos. Contribuye a forjar una personalidad segura en sí misma y le abre paso a otras aptitudes y cualidades imprescindibles para nuestro desarrollo como seres humanos.

Cuando iniciamos el camino hacia la realización de un sueño, nunca es aconsejable hacerlo sin la dosis necesaria de prudencia. Además de que nos indica el modo y el rumbo más propicios, nunca descarta las experiencias del pasado. Uno de sus propósitos es alertarnos para no repetir errores.

Una vez emprendida la marcha hacia nuestros objetivos, después de un análisis prudente, por supuesto, la perseverancia se encargará del resto. La perseverancia tiene, por lo tanto, su raíz en la prudencia.

¡Es imposible lograr el éxito perseverando de manera imprudente!

Sin embargo, el exceso de prudencia puede convertirse en un arma de doble filo. Sus límites pueden ser confusos. Si caemos en ser demasiado prudentes corremos el riesgo de transitar por los dominios del miedo. La prudencia está muy lejos del miedo, pero el exceso de prudencia, no. Muchas veces se dan la mano.

Los que son excesivamente prudentes, los que se ponen a analizar las causas y las consecuencias una y mil veces por temor a equivocarse o fracasar, casi nunca hacen nada; y ese es el principal error del ser humano: *no hacer nada.*

Por eso, en ocasiones me sumo al criterio de Horacio, el gran poeta latino, cuando aconsejó: "A veces hay que sazonar la prudencia con un toque de locura".

Estoy seguro de que Cristóbal Colón era un hombre prudente. Sin un toque de locura... ¿hubiera partido con sus tres carabelas en busca de nuevas rutas?

Lo prudente en pleno Renacimiento era montarse en las carabelas con Colón, no quedarse pensando si la Tierra era de una u otra forma.

A esos toques de locura se refiere Horacio.

Algunos están satisfechos con lo que tienen. Utilizan la prudencia como justificación de su conformismo. Creen que lo aconsejable es no hacer nada. No digo que temen, pero se acomodan en su zona de confort. Son aquellos que tampoco acostumbran a perseverar.

El ser prudentes no nos conduce siempre al éxito. Creer eso sería pecar de ingenuos. Los vaivenes de la vida a veces son más fuertes que cualquier previsión seria. Sin embargo, en las situaciones más difíciles, en las más frustrantes, siempre debemos apelar a la prudencia como una virtud cardinal. Desecharla sería desperdiciar la capacidad de razonar del ser humano.

La prudencia está muy lejos del miedo,
pero el exceso de prudencia, no.

Esperanza y optimismo: buscando el amanecer

"Si no puedo cruzar una puerta, cruzaré otra o haré una. Algo maravilloso vendrá, no importa lo oscuro que esté el presente".
Rabindranath Tagore

Muchos confunden la esperanza con el optimismo; sin embargo, son diferentes. El optimismo es un estado de ánimo que provee fortaleza y autoconfianza, que nos inspira a luchar y a tener la seguridad de que podemos lograr lo que nos proponemos. La esperanza, más que un estado de ánimo, es un sentimiento positivo que percibimos cuando tenemos la certeza de que las cosas van a salirnos bien. No es creer que los problemas son irreales, es estar convencidos de poder superarlos cuando los enfrentemos. Por supuesto, siempre con optimismo.

Desde el punto de vista cristiano, la esperanza es una de las tres virtudes teologales, junto a la fe y la caridad. Santo Tomás de Aquino, el gran teólogo, la describe como el don que nos da la certeza de poder conseguir la vida eterna en el reino de los cielos.

Es notorio que el optimismo y la esperanza, tanto desde el punto de vista laico como teológico, tengan su base en la espiritualidad del ser humano; es cierto, no son iguales, pero una depende de la otra.

Es imposible vivir con esperanza siendo pesimista. Por el contrario, un optimista lo último que pierde es la esperanza.

Ambas cualidades nos surten de fortaleza espiritual, nos convencen de que los sueños siempre están al alcance de la mano y que son posibles, cultivan en nosotros la convicción de que nunca seremos derrotados, por muy grande que sean los contratiempos; desechan lo negativo y nos permiten disfrutar de lo hermoso que regala la vida.

Un ser humano optimista no se amilana ante los problemas; frente a ellos se muestra creativo, lleno de energía positiva y de buena vibra. En medio de este estado florece la esperanza y esta, a su vez, ensancha más todavía los caminos del optimismo. Por eso digo que una cualidad depende de la otra. Vivo convencido de que, para conquistar el éxito, primero hay que soñarlo y después hay que salir a *lucharlo* por los caminos de la vida, pero tenemos que intentarlo con una buena dosis de ambas cualidades.

El pesimismo y la desesperanza solo engendran debilidad, y la debilidad, en medio de los avatares de la existencia, solo conduce al fracaso.

Cuando abrigamos esperanzas, cuando somos optimistas, todo lo evaluamos con mentalidad de vencedores; convertimos un fracaso transitorio en una lección eterna; tenemos los pies firmes en el presente pero la mirada atenta al futuro; desechamos la impotencia y no le damos cabida a las decepciones.

Recientemente el papa Francisco expresó que la esperanza nunca decepciona porque es un regalo del Espíritu Santo. Podemos o no estar de acuerdo con el evangelio del Sumo Pontífice, pero lo innegable es que la espiritualidad del ser humano es un hecho consumado por encima de filosofías o puntos de vista religiosos.

Dos cualidades básicas que alimentan esa espiritualidad son el optimismo y la esperanza. ¡Con ellas siempre hay amaneceres! Sin ellas, ¡noches eternas!

 *Un optimista lo último que pierde es la esperanza.*

Cómo lidiar con
la frustración

"Es sentido común tomar un método y probarlo.
Si falla, reconózcalo con franqueza y pruebe otro.
Pero, por sobre todo, pruebe algo".
Franklin D. Roosevelt

C uando luchamos por un anhelo, y por alguna razón no somos capaces de satisfacerlo, corremos el riesgo de ser víctimas de un estado de aparente vacío espiritual provocado, precisamente, por ese deseo insatisfecho. Me refiero a la frustración; a todos, alguna vez, nos toca a la puerta.

Los que luchamos por hacer realidad nuestros sueños y ser cada día mejores somos susceptibles a paladear, en algún que otro momento, el sabor amargo de la frustración. Es normal que así sea.

Las únicas personas inmunes a ella son las que no arriesgan ni se atreven a nada, las que no cambian, las que no luchan y esperan que todo les caiga del cielo. Quien no trata de avanzar no tiene espacio en el camino de la vida ni para frustrarse. Y aun así, hay mucha gente que habita permanentemente en ese estado.

Es cierto que los reveses provocan sentimientos desagradables, muchas veces hasta nos hacen enojar, pero tenemos que estar preparados espiritual y psicológicamente para ellos. Y no solo preparados para soportarlos como un contratiempo fastidioso, sino para sacarles provecho.

Defiendo la necesidad de consultar el pasado como una fuente de experiencia. Las frustraciones forman parte de esas experiencias y es esencial saber utilizarlas en beneficio de objetivos posteriores. Cada aparente fracaso tiene mucho de lección, y de nosotros depende aprovecharlo.

Por supuesto que lo ideal sería no equivocarse nunca, pero eso es imposible. Somos seres humanos bendecidos con la inteligencia, pero de nosotros y de nadie más depende cómo y cuándo la utilizamos. Cuando no hacemos un buen uso de ella, cometemos errores y acto seguido, en mayor o menor grado, aflora la sombra de la frustración.

Lo más preocupante no es sufrir la tormenta interior que esto nos provoca, sino dejarnos arrastrar por esa tormenta, no saber controlarla y caer en un estado espiritual y psicológico que pueda ser pernicioso para nuestros propósitos en la vida, y hasta para la salud. Corremos el riesgo hasta de ser impelidos hacia comportamientos agresivos, y no exagero. La frustración no canalizada puede conducir a la ira y a la violencia.

Mi aprendizaje, y hoy premisa de vida, ha sido tratar de recuperar el ímpetu de la infancia: no abandonar los intentos cuando algo nos apasiona. Si nos caemos siete veces, nos levantamos ocho; y cada supuesto revés es una lección.

El ser humano alcanza su verdadera madurez cuando conoce sus limitaciones, cuando asume sus errores y las frustraciones que de ellos se derivan y, sobre todo, cuando sabe utilizarlos en beneficio de cada nuevo empeño.

A vivir a pleno... A dar gracias por lo aprendido y por lo vivido. *A calar sueños a granel.*

Quien no trata de avanzar no tiene espacio en el camino de la vida ni para frustrarse.

En paz con nosotros mismos

*"La paz viene de adentro,
no la busques fuera".*
Buda

Nada nos proporciona más confort espiritual que estar en paz con nosotros mismos. Eso solo se logra cuando tenemos la convicción de que hemos actuado de la manera y en el momento correctos, guiados por decisiones personales y conscientes de que la solución a los problemas propios depende solo de nosotros.

La paz interior es un privilegio sublime y tonificante que llena de gozo el alma. Es patrimonio de los que luchan por sus objetivos en la vida, de los seres exitosos. Es, me atrevo a asegurar, un reconocimiento divino. Logramos ese sosiego espiritual cuando enfrentamos la vida llenos de autoconfianza y optimismo, y estamos dispuestos a luchar por la conquista de los sueños sin esperar soluciones ajenas y, mucho menos, la llamada "buena suerte".

Me viene a la mente el líder independentista indio Mahatma Gandhi, quien se caracterizó no solo por ser un gran luchador por la libertad de su pueblo, sino también por su profunda espiritualidad, por su vocación humanista y por una proyección de paz pocas veces igualada en la historia de la humanidad. Él vivía convencido de que si no alcanzamos la paz dentro de nosotros mismos, siempre estaremos en guerra con los demás. ¡Nada más acertado! La armonía interior es la que nos permite interactuar en conformidad con nuestros semejantes y aceptar aquellas cosas que no podemos cambiar en ellos.

Quien no encuentra armonía en sí mismo se queja constantemente, asume siempre el papel de víctima, achaca sus descalabros a los otros y culpa de su infelicidad a quienes lo rodean. ¡Eso es estar en guerra con los demás! Tampoco se acepta como es y, lo que resulta peor y más contradictorio, se hace inmune a los cambios, porque desconoce que el cambio real debe producirse dentro de sí mismo, que no viene del exterior. Espera a que otros cambien por él. Llegado el momento, la autoconfianza lo abandona por completo; y el síndrome del fracaso y el desasosiego se apoderan de su alma.

Por el contrario, la paz interior es consecuencia de la autosatisfacción que se siente cuando hacemos lo correcto, cuando perseveramos y estamos seguros de hacia dónde nos dirigimos, cuando vivimos y aprovechamos el presente porque somos realistas y positivos, y somos capaces de convivir en armonía con los demás. La paz con nuestros semejantes depende de nuestra propia paz.

Vivir en armonía con uno mismo significa no dejarse arrastrar por falsos temores, pensar y actuar movido por intereses propios, dejar de juzgar a los otros, ser agradecido y no preocuparse sin razón. Este regocijo del alma le da alas al amor tanto por nosotros mismos como por los demás.

También es cierto que las personas en armonía son propensas a reír. ¡Es lógico que así sea! La paz interior es sinónimo de felicidad y, según la madre Teresa de Calcuta, el primer gran síntoma de la felicidad es una sonrisa. ¡Riamos! Demostremos a Dios y a nuestros semejantes que somos seres terrenales felices y dispuestos a entregar amor.

El éxito y la paz interior vienen de la mano. ¿Cuál llega primero? Eso no importa... ¡el primero que lo haga, bienvenido sea!

La paz interior es un privilegio sublime y tonificante que llena de gozo el alma.

Una manera sabia de escuchar

"Leer es amueblar tu propio departamento interior".
Jostein Gaarder

E l instrumento más poderoso que tiene el ser humano para ejercitar la mente es la lectura. Además de educarnos y otorgarnos el privilegio de conocer puntos de vista de hombres y mujeres de todas las nacionalidades y de todos los tiempos, la lectura recrea nuestra imaginación como ninguna otra cosa en este mundo.

Leer es el pasatiempo educativo por excelencia. ¡Nada entretiene tanto como la lectura! ¡Nada educa como ella! Nos libera de pensamientos rutinarios, aquellos que moldean a su antojo una imaginación estática, mediocre y aburrida, y nos permite traspasar límites mentales.

La lectura entrena nuestra mente. Una biblioteca no es más que un gimnasio, solo que un gimnasio donde no vamos a desarrollar el cuerpo físico ni vamos a bajar esos kilos que nos sobran, sino uno donde nuestra mente recibe el ejercicio necesario para mantenerse fresca, sana, informada, lista para enfrentar los retos a que nos pueda enfrentar la vida.

Leer es una manera sabia de escuchar. Permite que nuestro pensamiento nos hable y que gracias a él podamos entablar una conversación, muy íntima, con el autor de las páginas que tenemos en nuestras manos.

En cuanto a desarrollar la imaginación, la lectura es mucho más poderosa que la televisión. La televisión nos impone una imagen y un sonido; la lectura no nos impone nada, somos libres de imaginarlo todo: espacios, sonidos y formas.

Nada incrementa más la capacidad intelectual de un niño que la lectura. Lo prepara intelectual y psicológicamente para poder ser una persona de éxito en la vida futura.

Para las personas de la tercera edad leer juega un papel terapéutico. Ya no son pocos los médicos que recomiendan la lectura para prevenir enfermedades degenerativas como el Alzheimer.

Es cierto que estamos en una era en la que el desarrollo tecnológico marcha a pasos agigantados, a veces increíbles, pero es cierto también que, a pesar de los adelantos, el libro sigue siendo la principal arma a la hora de educar. Gracias a los libros, nos convertimos en nuestros propios maestros, algo que ningún avance tecnológico podrá eliminar.

Nada incrementa más la capacidad intelectual de un niño que la lectura.

La lectura forja sueños

"El que lee mucho y anda mucho,
ve mucho y sabe mucho".
Miguel de Cervantes

La radio y la televisión han sido los protagonistas básicos en mi carrera como comunicador; sin embargo, no le resto importancia a los medios impresos, todo lo contrario. El hecho de que haya publicado dos libros (*El poder de escuchar* y *Un buen hijo de p...*) y que también me encuentre trabajando en otros, dice mucho del respeto que siento por la palabra escrita y de la satisfacción que invade mi espíritu cuando me adentro en la lectura.

Como comunicador, considero la lectura como lo que verdaderamente es: un diálogo entre el autor, a través de sus personajes y narraciones, y el lector. La única diferencia de esta plática con una conversación formal entre dos o más personas estriba en que no hay necesidad de convertir en palabras el pensamiento: todo queda en silencio en nuestro interior, los puntos de vista yacen en la más pura intimidad, nada importan la dicción o el timbre de la voz, solo la razón.

"Aprender a leer es lo más importante que me ha pasado en la vida", ha dicho el Premio Nobel de Literatura Mario Vargas Llosa. ¡Cuánta sabiduría la del escritor peruano! Es lo más importante por muchas razones pero, entre ellas, resalto una especial: al aprender a leer nos adueñamos de la manera más sublime de saber escuchar.

Cuando leemos, razonamos las propuestas del autor; aunque en silencio, preguntamos unas veces, otras respondemos, y nos emocionamos; por momentos, es posible que perdamos la ecuanimidad y hasta que nos enojemos.

La lectura arrastra un sinfín de emociones diferentes, casi siempre mucho más intensas que las que puede acarrear cualquier conversación rutinaria. Saber leer es saber escuchar y razonar en serio. Es la posibilidad de sacarle provecho a cada palabra, a cada intención.

Nada más parecido al cierre de una conversación provechosa que la culminación de una buena lectura. Por eso reafirmo: ¡Leer es escuchar! Escuchar desde lo más profundo del espíritu palabras que no suenan, pero que mantienen su carga de significado. Un buen texto y nuestros pensamientos no requieren decibeles de potencia; son silenciosos por naturaleza, pero dicen mucho. Por eso son nuestros mayores y más confiables compañeros. ¡No hay mejor aliado que un buen libro! ¡No hay mejor confidente que el pensamiento!

Cuando leemos se nos ensancha el intelecto, se dispara la imaginación y se allana el camino hacia el crecimiento personal. La lectura forja sueños y es un surtidor de argumentos a la hora de luchar por convertir los sueños en realidad. Leer ayuda a vivir y evade la monotonía que, a pesar de los adelantos, muchas veces consume la vida moderna.

"Que otros se jacten de las páginas que han escrito; a mí me enorgullecen las que he leído". Así se expresó otro gran escritor latinoamericano, el argentino Jorge Luis Borges. Genios como Borges y Vargas Llosa, puntales de las letras, alaban la lectura por una sencilla razón: que te lean es la clave para que te escuchen.

Saber leer es saber escuchar y razonar en serio.

Reflexión, un arma de vida

"Es a fuerza de observación y reflexión
que uno encuentra un camino".
Claude Monet

L a vida moderna marcha a todo ritmo. Muchas veces tengo la
impresión de que los días tienen menos de veinticuatro horas y
que las horas ya no cumplen los requisitos de los sesenta minutos.
Aunque su melodía nos siga arrullando, la famosa frase de Armando
Manzanero: "Aprendí que la semana tiene más de siete días", de
su canción "Contigo aprendí", parece ser hoy más irreal que nunca.
Vivimos ensimismados en el trabajo, en idas y venidas, de aquí para
allá y de allá para acá, entre quehaceres domésticos y obligaciones
sociales o familiares de toda índole.

Nos absorbe un sinnúmero de tareas que impone la modernidad,
que trae como consecuencia que la mayoría de las veces nos
levantemos, disfrutemos un sorbito de café y, cuando nos damos
cuenta... ya se nos fue el día. Se terminó la jornada en un suspiro y
entonces sale a flote, de manera natural, la famosa frase: *No tengo
tiempo para nada.*

Por supuesto que en medio de ese ajetreo diario, la inmensa mayoría
de las veces priorizamos las obligaciones laborales y aquellas que la
sociedad nos demanda. Es correcto que así sea, por cuanto somos
seres destinados a trabajar y a luchar por nuestros propósitos en la

vida, esa es la voluntad de Dios, y lo hacemos en sociedad. El ser humano es un ser sociable.

Sin embargo, el interés en cumplir con nuestras obligaciones laborales y sociales en medio de esta "falta de tiempo" nos impide muchas veces verificar las necesidades que tenemos hacia nosotros mismos. Es cierto que vivimos en una comunidad pero, ante todo, somos entes individuales con nuestro propio mundo interior, que también requiere atención. La mayor parte del tiempo pensamos en todo y en todos, menos en nosotros mismos. ¡Eso no es bueno!

No crean que redacto una oda al individualismo, nada más lejos. Tampoco me refiero a la imagen estética que proyectamos en el entorno en el cual nos toca vivir o trabajar. Esa apariencia, bien por querer lucir más atractivos o por la necesidad de estar acordes con la actividad que realizamos, si la pensamos, la hacemos realidad en la mayoría de las ocasiones.

Una modelo no pierde su glamour, un piloto poca o ninguna vez olvida sus insignias y su gorra distintiva, nunca vemos a un campesino vestido con suéter y pantaletas a la hora de comenzar su jornada, una recepcionista que se respete siempre usa su mejor maquillaje para lucir impecable a todos los que solicitan sus servicios, y así con todas las tareas. El interés por la estética en no pocas ocasiones sobrepasa el interés por nuestra vida interior, por nuestra apariencia interna, esa que solo nosotros conocemos.

Justificados por la falta de tiempo, reiteradamente obviamos los recursos con que cuenta el ser humano para autoanalizarse, para contemplar su yo interior, para buscar su propia paz, para autoconocerse más.

Muy pocas veces sostenemos un diálogo con nosotros mismos. Para muchos, reflexionar a solas no está en su agenda diaria y meditar solo es obligación de aquellos practicantes de yoga o de alguna variante espiritual asiática. ¡No!

Todos podemos y tenemos la necesidad de establecer comunicación con el "yo" que llevamos dentro, sobre todo en tiempos tan agitados como los que corren, durante los cuales, en medio de la acción, casi no tenemos la posibilidad de pensar más de un par de veces lo que hacemos.

Publio Siro, el gran escritor latino, expresó que el tiempo de la reflexión es una economía de tiempo. Cuando reflexionamos ponemos en orden nuestros pensamientos, nos conocemos mejor y podemos tener una idea exacta de cómo vamos a encarar las obligaciones de la sociedad, teniendo en cuenta nuestras potencialidades. Reflexionar nos prepara para enfrentar el ajetreo del mundo exterior.

Reflexionar no es más que una manera relajada y tranquila de prever problemas y analizar cómo resolver los ya existentes. Nos permite evitar que una realidad chocante, cuando es predecible, nos explote en pleno rostro.

El Creador nos ha otorgado la virtud de pensar.

Reflexionar es una de las formas más ecuménicas de hacer realidad la virtud del pensamiento. Nuestro cerebro no solo tiene la obligación de ayudarnos a salir de una contrariedad cuando ya estamos inmersos en ella, eso es abusar de sus neuronas, sino que también nos sirve para evitar esa contrariedad, y la única manera de lograrlo es dándole tiempo, reflexionando.

Es cierto que las horas y los días parecen volar, pero es necesario encontrar el momento para una reflexión seria y tranquila. No tiene que ser en un lugar con todas las condiciones creadas como cuando nos disponemos a meditar, es decir, cuando queremos abstraernos de todo pensamiento y acercarnos a nuestra alma. La reflexión no necesita tantos requisitos.

Todas las noches, antes de dormir, podemos reflexionar. Es quizás el momento adecuado para pasar revista a lo que sucedió durante el día y, de acuerdo a la experiencia vivida, trazarnos una idea de cómo vamos a enfrentar lo que podrá suceder mañana.

Por cuestiones laborales viajo reiteradamente. Cada minuto de viaje puede ser un tiempo de reflexión, cada receso en la jornada laboral, cada instante de espera. No quiero decir ahora que nos pasemos el día reflexionando, solo señalo ciertos momentos en los que podemos conversar con nuestro yo para darnos el lujo de prepararnos mejor para la acción diaria.

Nadie duda de lo agitado de la vida moderna, pero todos somos parte de ella. Esta etapa del desarrollo humano es la que nos ha tocado vivir y yo considero que es para bien. Si nos preparamos, si reflexionamos en torno a lo que somos y lo que hacemos, no hay dudas de que jugaremos mejor el papel que se nos ha asignado para nuestra existencia.

Por lo tanto, a pesar de su prisa, la vida tendrá tiempo para sonreirnos.

La mayor parte del tiempo pensamos en todo y en todos, menos en nosotros mismos.

La duda

"El ignorante afirma,
el sabio duda y reflexiona".
Aristóteles

66 Si ya sabes lo que tienes que hacer y no lo haces, estás peor que antes". Esta frase pertenece a todo un sabio, el gran maestro chino Confucio. Pocos cuestionan que este hombre sea la personalidad más destacada de la filosofía oriental. En esto hay "pocas dudas".

El ideario de Confucio está repleto de mensajes cortos y muy profundos que, a veces tienen tantas lecturas y encierran tanta sabiduría, que no podemos menos que asombrarnos.

Para tratar el tema que nos ocupa, la duda, quiero tomar como base esta frase confuciana. La repito: "Si ya sabes lo que tienes que hacer y no lo haces, estás peor que antes". Su estructura tiene dos partes.

La primera es: "Si ya sabes lo que tienes que hacer". Esto significa que hubo un momento en el que no lo sabías y tuviste que averiguarlo. Lo lograste, ya lo sabes. Ya resolviste ese contratiempo. Desde ese punto de vista, actuaste de una manera positiva que te permitió aprender cómo hacerlo, te acercó al conocimiento.

Pero por el momento voy a dejar aquí todo lo relacionado con esta primera parte de la frase, pues quiero comenzar a referirme a la segunda, al siguiente componente de este pensamiento de Confucio. Sentencia que "si no lo haces, estás peor que antes".

Es decir: el hecho de tener ya la certidumbre de cómo hacerlo y no hacerlo, valga la redundancia, trae como consecuencia que estés peor que antes, peor que cuando lo ignorabas todo.

Aquí vienen mis preguntas: ¿por qué no lo haces? ¿Qué razones provocan que, ya sabiendo lo que tienes que hacer, no lo hagas?

Comenzamos a hacer un análisis y pueden existir varios motivos. Quizá la persona que inspiró esta frase en Confucio enfermó después de haber encontrado la solución y todo es un problema de salud. No lo hace porque se siente mal y de ahí el "estás peor que antes". Esa es una variante. Muy lógica, además. Antes estaba sana y ahora no.

Pero no creo que el problema sea un deterioro de salud. Confucio profundizaba mucho en los temas espirituales. Por lo tanto, la falta de recursos para "hacer lo que ya sabes hacer" tampoco es el problema, porque si no, antes hubieras estado peor que ahora.

Antes no sabías lo que tenías que hacer y mucho menos entonces podías conocer lo que necesitabas para hacerlo. Ya no, ya sabes lo que hay que hacer y sabes también lo que necesitas. Desde ese punto de vista estás mejor que antes.

Ya dije que Confucio era un sabio en todo lo relacionado con la espiritualidad humana; por lo tanto, aunque comencé por la posible variante física del fenómeno, no creo que la respuesta esté en ese aspecto, en un tema físico.

Estoy seguro de que la respuesta está en la naturaleza espiritual.

Entonces... ¿será por haraganería? Hay gente que nace con un espíritu de pereza tremendo. Hay cada holgazán por ahí que ¡vaya uno a ver...! Pero no, tampoco; estoy convencido de que ese ser humano que inspiró a Confucio no era un haragán. ¿Por qué? Porque tuvo la disposición de averiguar lo que tenía que hacer, y eso lleva trabajo.

Investigar requiere esfuerzo y dedicación, y un haragán no está para eso, sino para haraganear. Si no va a hacer las cosas, ¿para qué se va a ocupar averiguando cómo hacerlas? No tiene lógica. Por lo tanto esa no era una característica de la persona en cuestión. No era la pereza.

Después de hacer todas estas disquisiciones me pregunto... ¿será la duda? Esa persona, después de saber lo que tenía que hacer, después de averiguarlo, ¿dudaba en hacerlo?

Es aquí donde quería llegar, pues estoy completamente seguro de que es la duda, porque la duda sí es una poderosa razón para "estar peor que antes".

Imagínate que averigüemos por necesidad la manera de hacer algo y después comencemos a dudar de si lo hacemos o no. ¡Eso es imperdonable! ¡Sí que es estar peor que antes!

Insisto en que la frase de Confucio es muy profunda porque, sin mencionar la palabra "duda", llegamos a la convicción de que ese es el motivo. Sin decir "duda" encierra la atmósfera de la duda y, escucha bien, esta es la peor de las dudas, y perdona la repetición de palabras.

Esta es la duda que provoca indecisión, es la que nos paraliza, la que nos hace perder tiempo en la vida.

Durante todo el tiempo que estamos dudando no hacemos nada provechoso.

Ese ser humano que inspiró a Confucio, en la medida que dudaba, perdía su tiempo, dejaba escapar oportunidades que le brindaba la vida, porque la duda tiene la facultad de dejar que el tiempo corra sin utilidad alguna. Sin utilidad para ti ni para los demás. Existir dudando es dudar del existir.

Cuando la duda se mantiene en este plano solo provoca inmovilizar nuestra acción en el tiempo.

La duda es un sentimiento humano y como tal, tenemos que saber encaminarla y ponerla a funcionar en nuestro beneficio. Si nos deja inertes es mala, pero si logramos actuar apoyándonos en ella, se revierten las cosas. Se convierte así en algo provechoso.

Traigo entonces un ejemplo de cómo enfrentar la duda. Es un ejemplo personal y créeme, en aquella época a la que me referiré, no me había dedicado a estudiar detenidamente ninguno de estos temas.

En una ocasión, en Cuba, decidí someterme a un concurso de admisión con el propósito de convertirme en animador turístico. Yo no me visualizaba como tal, en una playa entreteniendo turistas. En aquel entonces era un hombre tímido, hasta era malo bailando...

Esa manera de ser provocó en mí la duda de si tenía o no las posibilidades de salir airoso; no estaba nada seguro de tener las cualidades que se necesitan para ser un animador turístico.

Confieso que las dudas me acosaban sobre todo en la noche, antes de dormir, y se acentuaron mucho más a medida que se acercaba el concurso. Admito que me llenaba de miedo; hasta llegué a padecer ataques de pánico.

Pero, imagina si después de prepararme para el concurso durante varias semanas, vencido por la duda, no me hubiera presentado. ¡Imagina que hubiera rehuido esa prueba...! Habría quedado en el mismo estado del protagonista de la frase de Confucio: "peor que antes". ¡Cuánto tiempo de mi vida hubiera perdido! ¡Fueron muchísimos días y noches de preparación!

No me retiré, no me dejé vencer por la duda. Llegué a la conclusión de que lo más importante y, además, lo más interesante para mí era ponerme a prueba y despejar el interrogante. Era tanta la duda, que hubo un momento en el que ya quería saber si de verdad era apto o no para ser animador turístico.

El día señalado para el concurso me dije: "Por fin voy a saber si sirvo o no sirvo, pues lo que ya no puedo hacer es seguir angustiado por la duda". Porque si hay algo que angustia en la vida... ¡es dudar!

En resumen: aprobé el concurso con magníficos resultados, pero el mejor de todos fue que me enfrenté a la duda, me despojé de ella y le saqué provecho. En esa ocasión la duda me fue útil, ya que me instó a conocer, a explorarme a mí mismo, a arriesgarme. Y la eliminé completamente.

La duda es útil cuando la empleamos "para fomentar la búsqueda permanente", que no es otra cosa que buscar siempre la manera de conocer algo nuevo, de llegar a convencimientos, de fortalecer nuestras convicciones, todo lo cual nos permite estar más seguros de nosotros mismos.

La persona segura de sí misma ya tiene de su lado una buena parte de esta batalla que es la vida. Pero "la duda tiene el poder de superación o destrucción". En mi caso, ejerció el poder de la superación.

Ahora volvamos a Confucio y recordemos su frase: "Si ya sabes lo que tienes que hacer y no lo haces, estás peor que antes". Cuando digo que a Confucio hay que analizarlo detenidamente no me equivoco, no lo digo por gusto.

Ya llegamos a la conclusión de que la segunda parte de la frase: "estás peor que antes", se debe a la duda, más específicamente a su "poder de destrucción". Pero este pensamiento confuciano parece encerrar un cambio de actitud en torno a la duda.

La primera parte afirma: "Si ya sabes lo que tienes que hacer". ¿Por qué lo sabe? Porque lo averiguó. ¿Por qué lo averiguó? Porque dudaba de cómo poder hacerlo. No estaba seguro. Entonces, ese ser humano que se supone que sea el protagonista o el inspirador de esta expresión primero tuvo el valor de ir a despejar la duda, de ir a indagar qué tenía que hacer, y lo logró. Llegó a conocer lo que debía hacer, por eso dije anteriormente que no era un haragán.

La contradicción está en que después, cuando tiene que hacerlo, no lo hace. Este pensamiento lleva dentro de sí el mensaje de lo que es capaz el poder de la duda. Tanto el positivo como el negativo. El poder de superación o de destrucción.

Yo me imagino que ese señor, que tuvo la dicha de ser aconsejado por Confucio, y que casi seguro era una persona inteligente, después de escuchar la sentencia del sabio volvió a utilizar la duda en su aspecto más constructivo. Seguramente decidió superarse, se puso a prueba e intentó hacer realidad el proyecto.

Quizá triunfó y se convenció de que era capaz de lograrlo, como me sucedió en el concurso de animador turístico.

Quizá fracasó y se convenció de que no era capaz, pero sí fue capaz de despejar la duda y, mejor aún, de conocerse más profundamente a sí mismo. Y ya eso, de por sí, es un ejemplo de la validez de la duda cuando de ella extraemos su poder de superación.

*La persona segura de sí misma ya tiene de su lado
una buena parte de esta batalla que es la vida.*

El escorpión y los instintos

"La razón es el pequeño punto
que pone fin a los instintos
y da comienzo a la locura".
Anónimo

Un buen samaritano intenta salvar a un escorpión a punto de ahogarse en un riachuelo pero, cuando lo agarra, el insecto lo aguijonea. Un intruso le reprocha: "¿¡No se da cuenta de que el escorpión es un desagradecido, capaz de atacar y clavar el aguijón a quien quiere salvarle la vida!?". "No es un desagradecido", responde el buen samaritano. "Es un escorpión, y su instinto es aguijonear. Esa no es razón para dejarlo morir".

La fuerza de los instintos prima en los animales, pero en los humanos se somete a la razón. Dios nos bendice con una inteligencia capaz de controlarla.

Someter esta fuerza natural es ventajoso. El mejunje instinto-razón es un arma poderosa del intelecto, pero tiene su lado dañino: se pierde capacidad instintiva. Si controlamos los instintos resulta lógico que nunca se desarrollen al mismo nivel de los animales.

El escritor asturiano Armando Palacio Valdés subraya que cuando la noche es tenebrosa y se cabalga al borde de un abismo, el jinete inteligente suelta las riendas y se entrega al conocimiento instintivo del caballo. La inteligencia animal no tiene capacidad para contaminar sus instintos. Tampoco es bueno reprimirlos, porque pueden desbordarse y convertirse en una barrera para el desarrollo psíquico y social. No escapan de esta posibilidad negativa ninguno de los instintos básicos: de conservación, sexual y gregario.

Es cierto que el intelecto nos convierte en seres superiores, pero muchas veces, permeado de prejuicios, concepciones falsas o desconfianza, nos detiene. Resulta muy contradictorio que el poder de la razón, que es el que nos hace superiores, ¡sea el que nos obstaculice la marcha!

Cuando no sabemos o no podemos aprovechar la capacidad de intuir y razonar a la vez, pero queremos luchar, una solución sabia es dejarse arrastrar por los instintos. Cuando la razón nos detiene, ¡que nos empujen la fuerza y sabiduría natural! ¿Quién no ha actuado alguna vez guiado por la intuición o por una "corazonada"? La intuición es una mezcla de instinto e inteligencia; surge de repente, sin necesidad de razonar. Para muchos es un sexto sentido.

Siempre hay que aprovechar las "corazonadas". Si estamos en capacidad de hacerlo, podemos someterlas al análisis racional. Pero si estamos estancados, no lo pensemos. Salgamos a conquistarlas con confianza, esperanza y optimismo.

Las intuiciones pueden ser tan certeras como la razón. Tienen el poder de impulsarnos y son más efectivas cuando luchamos, aprovechamos nuestras experiencias y aprendemos de cada éxito y cada fracaso.

Es cierto que los animales nos superan en la agudeza de los instintos, pero los nuestros son más eficaces: a la vez que los controlamos, los educamos. Nunca aguijoneamos la mano salvadora como hace el escorpión, salvo excepciones aberrantes.

Confiemos en nuestros instintos como el jinete confía en los de su caballo. Así no habrá abismo capaz de detenernos.

Las intuiciones pueden ser tan certeras como la razón.

La mano de Dios
y las corazonadas

"Para mí, cada hora del día
y de la noche es un indescriptible
y perfecto milagro".
Walt Whitman

L a reflexión anterior, "El escorpión y los instintos", suscitó comentarios muy interesantes, para mi satisfacción. Es imposible hacer referencia a todos, pero sí aseguro que leo y respeto todos los puntos de vista. También sería saludable que me envíen propuestas de temas y así hacer de IsmaelCala.com un sitio más interactivo, en el que todos seamos protagonistas.

Tras leer detenidamente los comentarios, tomo un fragmento del enviado por Heisler (así, sencillamente, Heisler. No es costumbre en mi foro exigir la identificación completa de quienes opinan). Heisler subraya que "orar es una palabra que no escucharás mucho de los motivadores actuales".

Esta afirmación me llevó a revisar un buen número de columnas, y es cierto. ¡Muy cierto lo que afirma Heisler! He hablado de la necesidad de soñar para lograr el éxito, de cómo enfrentar las frustraciones y los fracasos, de reflexión, meditación, de virtudes humanas y divinas, pero nunca del poder de la oración.

El papa Francisco dejó bien sentado en una homilía que "la oración hace milagros". Por supuesto, hay que orar con fe, con la convicción profunda de que es la manera más expedita de comunicarnos con Dios, sin importar la religión que profesemos.

Las visitas de Juan Pablo II a sinagogas y sus palabras en asambleas islámicas confirman que Dios es uno, aunque cada cual le rinda respeto a su manera, según tradiciones familiares, geográficas, culturales e históricas.

Para orar y comunicarse con Dios no existen barreras idiomáticas, no se necesita asistir a una ceremonia religiosa y ni siquiera visitar un templo, sea del culto que sea, ni ningún lugar sagrado. Podemos comunicarnos con Dios en cualquier lugar y momento. Solamente necesitamos la fe, ser sinceros.

Dice un proverbio que "cuando el hombre obra, es él quien obra. Pero cuando reza, es Dios quien obra". Si realizar nuestros objetivos en la vida es cumplir con los propósitos del Creador, nada mejor que mantener, a través de la oración, una comunicación cercana con Él. ¡Nadie mejor para pedirle un consejo!

En "El escorpión y los instintos" afirmo que "la intuición es una mezcla de instinto e inteligencia; surge de repente, cuando menos la esperamos, sin necesidad de razonar". No digo que esté errado, pero... ¿hay algo más parecido a eso que un soplo divino? ¿Hasta dónde influye la mano de Dios en una corazonada? Heisler, a su manera, nos lo hace ver.

No piensen que abandono, en mi proyecto motivacional, a aquellos que no creen en Dios. Todos tenemos derecho a pensar y a creer como estimemos conveniente; pero, aunque seamos ateos, la espiritualidad del ser humano está por encima de credos y filosofías.

Aquellos no creyentes que mediten, que traten de comunicarse con su espíritu, con su yo interno. ¡Y nunca descarten una corazonada!

Podemos comunicarnos con Dios
en cualquier lugar y momento.

Saber mirar atrás

"Trae el pasado solo si vas a construir".
Doménico Cieri

❝ Se hace camino al andar y al volver la vista atrás, se ve la senda que nunca se ha de volver a pisar". Así se refiere al pasado el gran poeta español, Antonio Machado. Una manera muy hermosa de hacerlo y también de ponernos a pensar.

¿Vale la pena volver la vista atrás? ¿Vale la pena, en medio de la lucha por conquistar el futuro, volver y mirar al pasado?

Sí; vale la pena, y existen dos razones esenciales para hacerlo: no repetir errores y retomar todo lo positivo. Tengamos presente que la experiencia se alimenta del pasado y es un elemento básico a la hora de luchar por el éxito.

Mirar atrás, con prudencia, nos permite valorar los resultados de empeños anteriores, nos posibilita un análisis de la manera en que actuamos y de las consecuencias que provocaron esas acciones, tanto positivas como negativas. La suma de todas esas valoraciones engrosan el arsenal de ideas con el que estamos dispuestos a comenzar la lucha por nuevos y mayores sueños.

Pero, seamos cuidadosos: si es de sabios mirar atrás, es de ignorantes querer volver atrás. Son dos cosas totalmente diferentes: la primera es hermosa y necesaria; la segunda, inútil y descabellada. Si hay algo inútil en la vida es vivir aferrado al pasado. Por eso dije antes que "al volver la vista atrás" tenemos que hacerlo con prudencia, pues corremos el riesgo de quedar atrapados en las redes de la añoranza.

Atarnos al pasado le resta importancia al presente y pone en riesgo el futuro. No podemos aguardar nada positivo con esquemas y soluciones de antaño. Los problemas del momento requieren soluciones del momento. Algunos no hacen otra cosa que pensar en el ayer. Se lamentan y solo se les escucha decir: "Si pudiera, lo haría de otra forma".

Hazlo de otra forma, está muy bien, pero tiene que ser en el presente. ¡Imposible hacerlo en el pasado! El pasado es "la senda que nunca se ha de volver a pisar".

Siempre hay tiempo para rectificar cuando se tiene conciencia de los errores. Rectificar significa crecer como seres humanos. Cuando en el presente subsanamos un error del pasado, dejamos de ser los mismos. ¡Ya somos mejores!

Dijo William Shakespeare que "el pasado es un prólogo". Un prólogo nos suele ofrecer las claves para la interpretación de la obra que vamos a leer; el pasado ofrece una idea correcta de lo que somos en el presente y nos da la clave para tratar de lograr lo que queremos ser en el futuro.

Con la cabeza y los pies bien firmes en el presente y con nuestros anhelos acechando siempre el futuro, así sí, es como debemos mirar al pasado. Es provechoso hacerlo. Entonces, bienvenidos sean, por bellos y profundos, los versos citados de Antonio Machado.

Los problemas del momento requieren soluciones del momento.

En su justa medida

"La moda es como la arquitectura:
se trata de una cuestión de proporciones".
Gabrielle Coco Chanel

Lucir a la moda es la manera más genuina de identificarse con el ahora. Es pretender conquistar la cúspide de la modernidad rindiéndole culto al presente. ¡Por esas razones la moda es efímera! No es malo estar a la moda; lo pernicioso es dejarse arrastrar por ella, vivir agobiado por las tendencias momentáneas del mercado y hacerle el juego a la publicidad que emana incesantemente a la hora de imponer un estilo o una tendencia. Lo peligroso es ser esclavo de la moda.

Su blanco fundamental son los jóvenes, sobre todo los adolescentes. Están en una etapa de cambios, de experimentos, en la que se siente confusión ante la vida. El adolescente comienza a abrirse paso y busca su verdadera identidad, tanto personal como social, y nunca deja de perseguir lo novedoso. ¡Nada más novedoso que la moda!

Esa tendencia es reforzada por los adultos, especialmente por los padres, quienes convierten cada regalo o reconocimiento, merecido o no, en objetos materiales que siempre llevan consigo el llamado cuño de lo moderno, "el último grito de la moda". No me refiero solo a prendas de vestir o a adornos para el cuerpo; incluyo también todo tipo de elementos o productos, sobre todo electrónicos, que en un par de meses ya dejan de ser novedosos, teniendo en cuenta el indetenible desarrollo tecnológico.

Quien se deja asediar por la moda se convierte en esclavo de un presente perecedero que, como primera consecuencia, hace más largo el pasado. Para personas así, la semana anterior ya es un anacronismo y corren el riesgo de no incorporar lo sustancioso de aquellos tiempos a su andar de hoy y, mucho menos, a sus perspectivas para el mañana.

La moda, cuando no se toma con el juicio que merece toda acción en la vida, nos puede convertir en seres superfluos, amarrados a una estética desligada de los verdaderos propósitos para los que Dios creó al ser humano.

No quiero decir que los grandes íconos de la moda trabajen con esos fines. Sería injusto. La inmensa mayoría de ellos son seres exitosos, que han luchado por sus sueños, que han ido en pos de sus anhelos y los han logrado haciendo lo que más les agrada. Solo por esa razón, ya se convierten en personas dignas de admiración.

Todos disfrutamos de un espectáculo de modas, es un colirio para la vista y un soplo de aire fresco para el alma. ¡El alma también disfruta los placeres estéticos!

La moda es efímera, pero tomada con la responsabilidad requerida para cada acto en la vida puede convertirse en una reafirmación de la personalidad y de los tiempos que corren. Nos ubica espacial y temporalmente.

¡La moda nos bautiza como personas de nuestros días!

¡El alma también disfruta los placeres estéticos!

Hay un rumor

*"La cantidad de rumores inútiles que
un hombre puede soportar es inversamente
proporcional a su inteligencia".*
Arthur Schopenhauer

Vivimos en medio de una madeja informativa global de dimensiones que eran impensadas hace apenas unos años. Las redes sociales posibilitan recibir, en minutos, un inmenso caudal de información de las más diversas tendencias políticas, religiosas y filosóficas.

Muchas noticias llegan avaladas por fuentes explícitas, y de nosotros depende acatarlas, soslayarlas o rebatirlas, según criterios propios. El espíritu de la web es democrático, aunque unos pocos no lo acepten.

Sin embargo, otras informaciones hacen su entrada sin ser garantizadas por nadie; desconocemos sus orígenes e intenciones, y se nos hace difícil, sobre todo en los primeros momentos, comprobar su veracidad. La mayoría son rumores que ya no viajan solo de boca en boca. Ahora, aprovechando el desarrollo tecnológico, van de sitio en sitio. Sitios web, por supuesto.

Nadie los endosa y son atrayentes, precisamente por esa aureola de intriga que provoca el anonimato y, además, por pretender notificar algo nuevo. Un rumor procura siempre llevar implícita alguna novedad. Muchos lo confunden con el chisme, pero no es lo mismo.

El chisme es una patraña, pura mentira, y siempre carga malas intenciones. El rumor, no. El rumor puede contener una verdad completa o a medias, y se genera de forma casual o intencional. El casual se deriva casi siempre de alguna indiscreción que destapa una presunta historia de más o menos interés. Un simple comentario entre amigos, una nota en Facebook o Twitter pueden desencadenar murmuraciones de rangos insospechados, sobre todo cuando se trata de una figura pública.

El intencional es diferente. No tiene nada de inocente; nos llega repleto de propósitos, intentando crear o medir estados de opinión y hasta de hacerle el juego a alguna maniobra de desinformación. Sus intenciones son muy serias y nosotros somos su blanco. Pone a prueba nuestra capacidad de análisis.

¿Qué hacer ante los rumores? Nunca rechazarlos de sable y porrazo. Tratemos de comprobarlos, si es que nos interesan, por supuesto. Hay que estar preparados para convivir con este intrusismo porque no podemos aislarnos del avance tecnológico. Sería querer vivir en otra época. Ante el rumor, investiguemos, hagamos valer la inteligencia y nunca nos convirtamos en autómatas que reaccionan frívolamente ante cualquier estímulo de esta naturaleza.

En sociedades cerradas, los rumores muchas veces son beneficiosos porque sirven para alertar a la opinión pública de que algo sucedió, sucede o está por suceder. No son pocas las ocasiones en que los medios de comunicación de esas sociedades tienen que dar a conocer un hecho que hubieran preferido callar, movidos por la fuerza de un murmullo popular del que nunca se sabe su origen. ¡Un buen rumor puede ser algo muy serio!

No tengamos reservas a la hora de enfrentar la avalancha informativa, sean rumores o no, pero siempre comprobémosla.

El espíritu de la web es democrático, aunque unos pocos no lo acepten.

¡Sí y no a la rutina!

*"Uno tiene en sus manos el color
de su día: rutina o estallido".*
Mario Benedetti

La vida es una sucesión constante de cambios y, si de verdad queremos lograr el éxito, estamos obligados a enfrentar cada uno de ellos con ideas nuevas o, al menos, rejuvenecidas. Si no lo hacemos así, imposible alcanzar un sueño.

No podemos enfrentar problemas actuales con puntos de vista del pasado. Por esa razón nuestro pensamiento, como la vida misma, tiene la obligación de renovarse y de experimentar cambios constantes.

Por supuesto que esta renovación requiere de optimismo, perseverancia y mucha energía para poder evolucionar al ritmo de los tiempos que corren, y no convertirnos en unos extemporáneos, sobre todo cuando luchamos por un anhelo y estamos convencidos de querer lograrlo.

En este empeño, no son pocos los peligros que acechan. Uno de ellos, muy perjudicial cuando viene acompañado de la mediocridad, es la rutina, sobre todo en el campo de las ideas.

Los seres humanos, aunque racionales, somos animales de costumbres, por lo que la rutina siempre nos ronda de una u otra manera. Actuamos impulsados por hábitos cotidianos, muchas veces necesarios porque nos ayudan a organizar la existencia y a viabilizar nuestra acción.

Por lo tanto hay que valorar la rutina en dos dimensiones: la positiva, o sea, la que agiliza y hace más fluido nuestro andar por la vida; y la negativa, la que socava las ideas.

Un ejemplo de rutina saludable lo vivimos todas las mañanas cuando nos levantamos. Lo hacemos a una hora determinada de acuerdo a las exigencias de nuestro trabajo, vamos al baño, nos aseamos, tomamos un café, desayunamos; para informarnos encendemos la radio o la televisión, echamos una ojeadita rápida al periódico, revisamos la agenda, etc. Es una costumbre diaria que no requiere del esfuerzo de ninguna neurona y nos alista para comenzar los retos de la jornada que se inicia.

Nadie es más rutinario que un niño pequeño cuando está programado para ser amamantado cada cierto tiempo. Cuando se le rompe esa rutina, ¡vaya escándalo el que arma! Ese escándalo es beneficioso, pues alerta a la madre que, quizás inmiscuida en otros asuntos, dejó pasar la hora. La alimentación metódica de un lactante es muy importante para su desarrollo futuro.

Hace algún tiempo yo me he autoimpuesto varias rutinas diarias. Por ejemplo, en el gimnasio y en la alimentación, siguiendo las instrucciones de mi entrenador José, y mi cuerpo responde favorablemente a ese quehacer ordenado y rutinario. ¡Qué bien me siento!

Pero cuando viajo y en alguna que otra ocasión no puedo cumplir con esa práctica, mi cuerpo lo siente e, inmediatamente, me pide explicaciones. ¿Por qué? Porque rompo su rutina y muchas veces no es conveniente hacerlo. En casos como este hacer lo habitual es bueno.

La rutina es perniciosa cuando invade el campo de las ideas porque, como dije antes, viene de la mano de la mediocridad. Una mentalidad rutinaria siempre rechaza las ideas nuevas, pretende resolver situaciones de ahora con soluciones preconcebidas y manoseadas, apela al facilismo, al mecanicismo y niega todo lo que huela a evolución. ¡Nada puede ser peor a la hora de ir en pos de un sueño!

La rutina perniciosa impide el avance, detiene esfuerzos y hasta acorrala pasiones. ¡Mucho cuidado con este tipo de rutina! El ensayista José Ingenieros la describe como *el hábito de renunciar a pensar*. Tiene mucha razón, pues la mediocridad no actúa ni piensa.

Si vivimos con el firme propósito de alcanzar el éxito, tenemos que actuar y pensar, las dos cosas, enfrentándonos a los cambios de la vida con ideas frescas y renovadoras, nunca permeadas por la mediocridad disfrazada de rutina.

Bienvenidas sean las rutinas diarias que nos preparan para lo cotidiano, las que provocan el llanto de alerta de un niño o el bienestar del cuerpo, pero en el campo de nuestro pensamiento, la única rutina valedera es aquella que nos acostumbra a la idea de que tenemos necesidad de cambiar, para bien, constantemente.

No podemos enfrentar problemas actuales
con puntos de vista del pasado.

Gestos y palabras

"Todas las desgracias de los hombres
provienen de no hablar claro".
Albert Camus

Demóstenes fue un gran orador ateniense nacido casi cuatrocientos años antes de Cristo. Al principio de su carrera tenía un serio defecto en el habla: no podía pronunciar la "erre" y la gente muchas veces se reía cuando hablaba en público. A pesar de esa limitación, vivía convencido de que su mensaje era preciso, sentía la necesidad de serle útil a Atenas con su oratoria.

Con el propósito de vencer ese obstáculo físico, ejercitó la voz, practicó sin descanso hasta que perfeccionó su dicción. Superado el problema y dueño de un poder de expresión oral extraordinario, se convirtió en un orador tan efectivo, que el poderoso Filipo II de Macedonia, enemigo acérrimo de Atenas, admitió: "Temo más a Demóstenes en la tribuna que a un ejército formado en batalla".

Cuento esta historia para dejar sentado, una vez más, el poder de la palabra, la real importancia de la oratoria o arte del buen hablar, que no solo debe ser dominada por los que utilizamos la voz como instrumento de trabajo, sino por todos. Saber hablar es un elemento esencial en nuestro andar por la vida. Saber expresarse, darse a entender, es una necesidad de todos, por cuanto vivimos en sociedad y requerimos la máxima comunicación con los demás:

en el seno familiar, entre amigos, en el trabajo, en cualquier parte en la que nos encontremos. La comunicación es un arma básica en el desarrollo del ser humano y la palabra es su pilar más fuerte.

No hablo de tener la voz más o menos aguda, más o menos brillante, ni de intentar lograr la dicción perfecta por la que tanto luchó Demóstenes. Me refiero a estar preparados para pronunciar la palabra correcta en el momento indicado, con el tono y volumen ajustados y la gestualidad adecuada. Dominar el arte del buen hablar, aunque parezca paradójico, también es cerrar la boca cuando no hay nada que decir.

Reza un proverbio indio: "Cuando hables, procura que tus palabras sean mejores que el silencio". Como siempre, la sabiduría de ese pueblo reluce. Una persona derrocha inteligencia cuando, no teniendo nada que decir, no habla, solo escucha y aprovecha lo que dicen los demás. Larry King, el gran entrevistador estadounidense, me confesó en una entrevista que nunca aprendió nada mientras hablaba.

Pero el arte del buen hablar no solo es sonoro, también tiene mucho de mímica. Cuando hablamos, acompañamos las palabras con gestos, el llamado lenguaje corporal, que reafirma o no lo que decimos. Desde nuestra postura hasta el más sencillo gesto facial, todo puede ayudarnos a ser más verosímiles.

Saber hablar, decir algo con credibilidad en el momento oportuno, alejado de todo engaño e hipocresía, incrementa el prestigio personal y profesional, y enaltece la autoestima. No obstante, el prestigio como seres humanos no toma cuerpo si nuestras acciones no están acordes con lo que decimos. La cuestión es saber decir y saber hacer.

Me despido con Demóstenes nuevamente. Él, todo un maestro de la oratoria, supo defender una posición cardinal: "Las palabras que no van acompañadas de los hechos no sirven de nada".

Pero el arte del buen hablar no solo es sonoro, también tiene mucho de mímica.

Vives como piensas

"Una mente lúcida y un buen corazón
acompañados por sentimientos cálidos
son las cosas más importantes. Si la mente
no se dirige a los pensamientos positivos
y elevados, nunca podremos hallar la felicidad".
Dalai Lama

En su libro *El monje que vendió su Ferrari*, el notable escritor y conferencista Robin S. Sharma hace una interesante reflexión sobre lo que él llama la técnica del pensamiento opuesto. Se aplica cuando un pensamiento negativo, no deseado, debe ser sustituido de inmediato por otro positivo y anhelado.

No voy a adentrarme en los pasos que, según Sharma, se requieren para aplicar ese método. Lo que me interesa resaltar es la importancia de pensar siempre de manera positiva, algo que también él subraya, y desechar todo aquello que envenena la mente porque de eso depende, por mucho, la salud de nuestro cuerpo y nuestro espíritu.

Pensar en positivo permite disfrutar plenamente cada momento de la vida, hace posible que la vivamos y no que la suframos, como hacen algunos. Tener la mente cargada de pensamientos válidos y optimistas eleva la autoestima, nos llena de confianza y aleja el síndrome depresivo que puede ocasionar cualquier frustración momentánea. ¡Pensar en positivo nos hace más felices!

Tengo un amigo que era adicto a comer mucho, especialmente, dulces. Un año atrás le detectaron diabetes. Me encontré con él recientemente y lo vi muy bien. Me dijo: "He bajado de peso. Hago ejercicios y como menos, pero muchas veces al día".

"Gracias a Dios, estás de maravilla, a pesar de tu enfermedad", lo elogié con el ánimo de estimularlo. La diabetes es uno de esos males que te vira la vida al revés. "¿Cómo la tomas desde el punto de vista psicológico y espiritual?". Su respuesta fue clara y original: "Chévere, la mantengo en el cuerpo, nunca ha invadido mi espíritu". Muy sencillo: mi amigo nunca ha llegado a pensar cuánto le negaría la vida por causa de su enfermedad, sino cuánto podría llegar a disfrutarla mejor, a pesar de ella. ¡Eso es pensar en positivo!

Los pensamientos optimistas no pueden evitar malos ratos, pero son imprescindibles para enfrentarlos.

Cuando por alguna razón la vida nos cierra una puerta, siempre nos da la oportunidad de poder abrir otra con la certeza de que, como dijo el gran escritor indio Rabindranath Tagore, "algo maravilloso vendrá, no importa lo oscuro que esté el presente". ¡Así de hermosa es la vida! Y esto no es querer vivir al margen de los problemas que golpean a la sociedad. No es esconder la cabeza, sino ver toda esa sarta de dificultades como asuntos que podemos vencer. Es nunca dejarnos aplastar por ellos, no hacerles el juego a aquellos que llamo "matadores de ilusiones". Es no permitir que nada ni nadie estropee nuestra existencia.

La vida es una, aunque respeto a quienes creen en la reencarnación. Si la miramos con optimismo, es lo suficientemente larga para lograr lo que nos proponemos; si somos pesimistas, no nos alcanzará para nada, solo para lamentarnos.

Concluyo con una frase de Robin S. Sharma que considero cardinal: "La calidad de lo que piensas determina la calidad de tu vida".

¡Pensar en positivo nos hace más felices!

Pereza y orquídeas

"Un hombre con pereza es un reloj sin cuerda".
Jaime Balmes

La pereza está considerada uno de los siete pecados capitales del cristianismo. Aunque no tiene la agresividad de la ira y la soberbia, ni la maldad de la envidia y la avaricia, o el nivel de aberración de la gula y la lujuria, la pereza aviva un daño íntimo fatal: anula la capacidad de comprometernos con nosotros mismos.

Un haragán se sienta debajo del árbol a esperar que el viento tumbe el fruto que tiene a mano. Es un verdadero artista a la hora de no hacer nada y aguardar reposado un golpe de buena suerte. No aporta nada útil, vive a costa del éxito ajeno.

¡La pereza es invasiva, tiene un alma parásita sin la belleza de la orquídea! Algunos clasifican a los holgazanes como pensadores infecundos, carentes de ideas. Yo no los considero así en su totalidad. Una persona con semejante tipología puede ser muy inteligente, dueña de un ideario nada trivial. Su frivolidad toma cuerpo, en esencia, a la hora de cristalizar todas sus posibles ideas, incluidos sus sueños.

Es un error creer que somos inmunes a la pereza, al menos a la más benévola de sus manifestaciones. Vivimos en una sociedad moderna con un adelanto tecnológico elevado, que nos tienta, cada vez más, a esforzarnos menos.

Cambiamos escaleras por elevadores y caminatas o bicicletas por autos; usamos sillas reclinables, aire acondicionado, comida chatarra ya elaborada, aviones, computadoras, maquinarias que acomodan a los agricultores y otra serie de bienestares que impelen a la más exquisita pereza, ¡a veces disfrutable!

La pereza que da pie al pestañazo o al bostezo en cadena, sobre todo al mediodía después del almuerzo, no es maléfica por pasajera y, en ocasiones, hasta natural. La nociva es la haraganería del alma, la que cancela fuerzas, lacera la voluntad espiritual e induce a no luchar por los sueños, aunque dispongamos de un arsenal de ideas. Más que una actitud pasajera, se torna un estado de ánimo autodestructivo, ajeno al éxito y a la felicidad.

Un gran estadounidense, Benjamin Franklin, nos alerta cuando dice: "La pereza viaja tan despacio que la pobreza no tarda en alcanzarla". Tiene razón. La pereza no comulga con el entusiasmo, enrarece el espíritu y coarta la acción; nada útil puede surgir de semejante cóctel.

El perezoso no cambia, no está a tono con las exigencias de la vida, es temeroso. Y, si vive el presente, es porque los demás ya traspasaron el pasado.

No sugiero que desperdiciemos energías y vivamos siempre haciendo algo. El ocio medido, el descanso necesario, el reposo del espíritu y la meditación tranquila y relajada son fuentes que vigorizan a veces más que cualquiera de esas bebidas energizantes que tan de moda están hoy día.

Pero, después del reposo medido, debe retornar la nunca desmedida acción, organizada y perseverante, preludio del éxito. Tras el éxito, sentémonos a descansar el tiempo necesario debajo del mismo árbol del eterno haragán. Seguro que la fruta, ya madura y jugosa, cae por voluntad propia frente a nosotros. ¡Aprovechémosla!

El perezoso no cambia, no está a tono con las exigencias de la vida, es temeroso.

Amor y tecnología

*"La fidelidad es la confianza
erigida en norma".*
José Ortega y Gasset

L o que el amor ha unido, que no lo separe la tecnología. Se dice habitualmente que herramientas como WhatsApp, Twitter o Facebook son responsables de muchas rupturas amorosas. Desconozco cómo se realizan tales mediciones e incluso pongo en duda que puedan obtenerse datos fiables en este sentido. Lo único irrefutable es que millones de personas utilizamos actualmente los más diversos programas, recursos y aplicaciones para comunicarnos, con todos los riesgos que ello implica. Algunos, incluso, han relegado las relaciones afectivas a planos inferiores. Admito que soy un fiel usuario de estas tecnologías y reconozco sus méritos, pero no descuido su rostro menos amable. En sí misma, la tecnología no es buena ni mala. Son sus diferentes usos los que podrían recibir tales calificativos.

Mucha gente cree que WhatsApp o las redes sociales tienen un impacto negativo en las relaciones sentimentales. Se apoyan en el afán de control que posibilitan: supuestamente, siempre nos estamos vigilando.

Hay parejas que fijan sus horarios al pie de la letra, y lo comprueban a través de dichas tecnologías. Una pregunta recurrente en discusiones es: "¿Por qué no me contestaste si estabas 'en línea' en el WhatsApp?". Otro reproche argumenta: "Vi que recibiste el mensaje. Me apareció el *doble check*, pero no respondiste".

El "doble check" se ha convertido en un dolor de cabeza, a pesar de que WhatsApp ha aclarado que no significa lo que la gente cree. El primer *check* indica que el mensaje ha sido recibido en los servidores de la empresa, y el segundo, que ha llegado al celular de la otra persona. Pero eso no quiere decir que lo haya leído. He aquí el nudo gordiano de la cuestión.

Más allá de las explicaciones técnicas, el problema radica en la dependencia generada hacia ciertos artilugios y en el deterioro del grado de confianza en las relaciones interpersonales. Antes de la llegada de los celulares, o incluso antes de cualquier tipo de teléfono, solo teníamos dos opciones: confiar en la pareja o echar a volar la imaginación.

La clave está en considerar la importancia justa de cada situación. Por muy avanzadas herramientas de control y seguimiento que surjan, ¿vale la pena mantener una relación sesgada por la desconfianza? ¿Por qué nos sometemos al martirio de querer colarnos en el cerebro de los demás?

Nunca en la vida podremos controlarlo todo, por más que vivamos tal ilusión. Viva la tecnología, pero también el sentido común.

¿Vale la pena mantener una relación sesgada por la desconfianza?

Quiérete para ser feliz

"Hay algo peor que la muerte,
peor que el sufrimiento...
Y es cuando uno pierde el amor propio".
Sándor Márai

❝❝ Perdónate bien, quiérete mejor y toma las riendas de tu vida"
constituyen claves para la felicidad, según recoge un libro
publicado en España. Estoy totalmente de acuerdo con dicha
aseveración. Las tres afirmaciones resumen un punto de vista en el
que creo, porque han estado presentes en mi vida y porque observo
cómo inciden en los demás.

El libro *Las tres claves de la felicidad*, de la psicóloga María Jesús Álava
Reyes, muestra los resultados de un interesante estudio: la mayoría
de los encuestados (45,6 %) dice que lo más importante para la
felicidad es "quererse a uno mismo".

Hace algún tiempo, daba la impresión de que no teníamos muy claro
lo de querernos. O que, por lo menos, no lo admitíamos en público,
quizá porque estaba mal visto centrar la cuestión en nosotros
mismos. Me gustaría aclarar que dicha posición no retrata una
visión individualista, sino la necesidad de ordenar nuestra casa,
para después crear caminos, autopistas y todo cuanto nos
propongamos en las relaciones interpersonales.

Según el catecismo de la Iglesia Católica, los Diez Mandamientos se resumen en dos: "Amarás a Dios sobre todas las cosas y al prójimo como a ti mismo". Tal idea es recurrente en las prioridades de muchos: "después de Dios, nosotros", "como a ti mismo", "amarnos bien para amar mejor".

Los cabalistas, por su parte, dicen que la idea de "amar al prójimo como a ti mismo" no se refiere al trato con los demás. Significa, según ellos, "tratar el alma, la parte eterna, la fuente del hombre". Creen que si lo practicamos así, "desaparecerán todos los problemas, dolores y sufrimientos del mundo".

Más allá de las diversas interpretaciones sobre la cantidad de amor que debemos profesarnos, es evidente que los seres humanos ahora entendemos mejor tales beneficios. Hay profundos análisis sobre el tema, pero también otros más terrenales. Por ejemplo, si viajamos en avión, siempre nos advierten: "En caso de despresurización, colóquese primero su máscara de oxígeno, antes de ayudar a los demás". Tan simple como eso.

Pero, mucho cuidado. Inflarnos de amor propio, sin hacer recíprocas las bendiciones recibidas, sería una pésima decisión. Porque amarnos es solo el primer paso. Y si generosamente no damos el segundo –hacer el bien sin esperar nada a cambio, amar y practicar el poder de dar–, terminaremos convertidos en jinetes del egoísmo y en profetas del "sálvese quien pueda".

La segunda clave de la felicidad, según la encuesta de la psicóloga Álava Reyes, es "sentirse querido" por otras personas (17,2 %) y la tercera, "tener el control" sobre nuestra vida (17 %).

Solo el 2 % de los encuestados cree que para ser felices lo fundamental es "saber perdonarse". Otro tabú, sin dudas, que merece un análisis aparte.

Inflarnos de amor propio, sin hacer recíprocas las bendiciones recibidas, sería una pésima decisión.

La felicidad radica
en nosotros

"La suprema felicidad de la vida
es saber que eres amado
por ti mismo o, más exactamente,
a pesar de ti mismo".
Víctor Hugo

❝❝ La vida es bella" es una conmovedora película, filmada hace ya unos años por el italiano Roberto Benigni. Confieso que cuando la vi cumplió todas mis expectativas. Salí del cine, me detuve en medio de la muchedumbre y respiré profundo, embriagado por el deseo de vivir que de ella emana, a pesar de lo triste de su historia. *¿Cómo es posible que no disfrutemos siempre la belleza de la vida?*, me pregunté. Pero el interrogante fue más allá: *¿cómo es posible que no hagamos, en cada momento, todo lo que está a nuestro alcance para que sea más bella, más feliz para todos?* El mensaje de Benigni es claro, no hay que ser un erudito del cine: hasta en las peores situaciones podemos luchar por ser felices.

La felicidad es un reto, y de nosotros mismos –de nadie más– depende encararlo y vencerlo. ¡No podemos esperar de otros la dicha propia! Cuando la logramos, además de disfrutarla, tenemos la satisfacción de contribuir a la felicidad de los demás: familiares, amigos, compañeros de trabajo, vecinos y todo aquel que nos rodea.

La felicidad, como la risa, es contagiosa.

No basta con despertarnos cada mañana y agradecer a Dios o a la naturaleza por regalarnos un día más de vida. Además de ello, deberíamos levantarnos con ánimo de engrandecer. Nunca salir a esperar un golpe de suerte, sino a enfrentar la realidad, por muy adversa que parezca, con el afán de ser útiles y aceptar cualquier desafío que nos imponga la existencia.

Es mi costumbre citar puntos de vista de personalidades universales. Siempre los utilizo como apoyo, pues considero que nada ofrece más confianza que una idea o criterio de un talento de la humanidad. Sin embargo, ahora necesito hacer lo contrario. Sin presumir de suficiencia, voy a discrepar nada menos que con Voltaire, el gran filosofo y escritor francés.

Dice Voltaire: "Buscamos la felicidad, pero sin saber dónde, como los borrachos buscan su casa, sabiendo que tienen una". No sé qué piensas tú, pero yo no comparto ese parecer.

Vivo convencido de que la felicidad ya radica en el mismo hecho de existir. Solo hay, como dije al principio, que proponerse engrandecerla. Y la única manera es el esfuerzo cotidiano, seguros de hacia dónde vamos y de los objetivos que esperamos. En resumen: proponernos un sueño, luchar por él, lograrlo y conquistar el éxito.

Ahí está la verdadera felicidad.

Atontados o mareados, en medio de una realidad distorsionada, quizás algún sorbo de agua mitigue la sed, pero será difícil –por no decir imposible– descubrir el fresco manantial de la felicidad y zambullirnos en él.

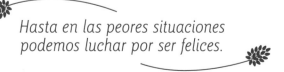

Hasta en las peores situaciones podemos luchar por ser felices.

El poder de dar
PARTE 2

El don de dar

*"Usted podrá llegar a tener
todo lo que desea en la vida
si ayuda a otros lo suficiente
para que ellos lleguen a tener
todo lo que desean".*
Zig Ziglar

❝❝ Recuerda que cuando abandones esta tierra no podrás llevarte
nada de lo que has recibido, solo lo que has dado". Hermosa y
oportuna frase de San Francisco de Asís. Muchos relacionan el
don de dar con la dádiva material; es decir, con el gesto altruista
de saber compartir nuestros bienes de uso —incluyendo el dinero—
con aquellos que tienen menos.

Estoy muy de acuerdo con esto. Pienso que cooperar con los demás
es un hecho que enaltece nuestra dignidad humana, es una
demostración de nobleza, desprendimiento y un acto de fe. Eso
es indiscutible, pero muy poco se habla de la trascendencia que
también tiene el don de brindar espiritualidad. Además, a veces no
tenemos mucho más para ofrecer.

El don de dar trasciende el mero ámbito de la donación material, va más
allá de aquello que podemos contabilizar o situar encima de una
balanza. Esta virtud abarca nuestro universo interior como donantes
de bienes espirituales. Es entonces cuando se produce un mayor y

más profundo intercambio entre quien da y quien recibe, porque nada material atenta contra la fortaleza del espíritu.

En tiempos convulsionados como los que vivimos, la catadura material de las cosas es muchas veces determinante para poder encaminar la vida terrenal; pero, en última instancia, el aspecto espiritual es el imperecedero, es el que más penetra en el alma y en el corazón, el que más cala en el recuerdo y en el cariño de nuestros semejantes.

Hay momentos en nuestra vida en los cuales lo más requerido es el apoyo emocional. Entonces es cuando nuestro don de dar puede manifestarse en toda su dimensión espiritual a través de una frase de aliento, ofreciendo respaldo y cariño, comprendiendo y compartiendo emociones, brindando fortaleza y a la vez, esperanza.

El don de dar, en ninguna de sus dos variantes, la material o la espiritual, requiere nada a cambio, ni siquiera agradecimiento, porque si no sería el don de negociar o el de intercambiar, y eso ya es otra cosa. Porque dar se apuntala en el más profundo desinterés. Nunca pasa factura, pues es un regalo divino y de ahí su esencia espiritual.

¿Cuál es el ejemplo más transparente de esta virtud humana y a la vez divina? Nuestra madre. ¿Qué es lo que más necesitamos de ella? Su abrigo, su cariño, su comprensión y su amor. ¿Qué genera el amor? Más amor. ¿Qué genera el cariño? Más cariño. ¿Qué genera la felicidad? Ya escucho tu respuesta.

Y si es necesario saber dar, es imperativo saber recibir, porque quien no sabe recibir no está en disposición de dar. Gracias a Dios, a pesar de los tiempos que corren, muchos aún dan sin recordar y muchos reciben sin olvidar.

Hay momentos en nuestra vida en los cuales lo más requerido es el apoyo emocional.

Bondad es poder

"El único símbolo de superioridad
que conozco es la bondad".
Ludwig van Beethoven

L a bondad es una tendencia natural a hacer el bien; no se aprende en ninguna parte. Sencillamente, se es bondadoso y se practica. Es una de las virtudes más excelsas del ser humano, quizá la que más lo acerca a su deseo de alcanzar la perfección.

La mayoría de las personas asocian la bondad con la dádiva material. O sea, cuando existen de por medio bienes de consumo que se donan sin que hayan sido pedidos. Es cierto, ya que el gesto de ofrecer lo poco o lo mucho que tenemos en beneficio de los demás pone a prueba lo magnánimo de nuestro espíritu y, a la vez, su fortaleza.

Sin embargo, los seres humanos paradigmas de tal virtud se caracterizan por ejercerla en el plano subjetivo, en lo espiritual; entre otras razones, porque precisamente por su afán de servir al prójimo, se despojan de todo lo material, no poseen nada. La Madre Teresa de Calcuta, quien murió en 1997, sigue siendo el más genuino modelo de bondad en los tiempos que corren.

Para ser bondadoso se necesita poseer otros dones naturales. Por eso califico la bondad como una virtud de virtudes. Ante todo hay que ser optimistas y vivir con la convicción de que todo lo que vamos a hacer por los demás, tanto en lo material como en lo espiritual,

EsCala a otro nivel

siempre traerá como consecuencia resultados positivos. De lo contrario, todo sería un engaño.

Ejercer la bondad es amar, ser tolerantes, practicar el perdón, ser compasivos. Quienes hayan leído la Biblia, tanto por placer como por convicción, seguramente disfrutaron en el Evangelio de Lucas la parábola del buen samaritano. Cuenta que un sacerdote y su asistente pasaron cerca de un judío herido y pretendieron no verlo. Sin embargo, un samaritano pasó y, a pesar de que los judíos y los samaritanos eran enemigos, le vendó las heridas, lo montó en su burro y lo llevó hasta una posada donde podían curarlo. El samaritano pagó por los servicios de la posada en favor de aquel "enemigo". De ahí la famosa frase que califica a un ser bondadoso como "un buen samaritano".

Esto implica ser amables y practicar la cortesía, saludar e, incluso, saber escuchar. Obrar con bondad significa poner en función de los demás todo el manantial de cualidades que dignifican al ser humano; nunca comulgar con la vanidad o el engaño, porque adulterar la bondad enrarece nuestra dignidad.

La Madre Teresa de Calcuta era una mujer menuda; sin embargo, sus convicciones eran tan sólidas como una roca. A esta clase de personas el gran escritor estadounidense Ernest Hemingway les dedica frases como esta: "Todo acto de bondad es una demostración de poderío".

Ejercer la bondad es amar, ser tolerantes, practicar el perdón, ser compasivos.

La responsabilidad de todos

"Aquel que ha dado lo mejor
de sí en su propio tiempo
ha vivido para todos los tiempos".
Johann von Schiller

no de los mecanismos básicos en la formación psico-
sociológica de los seres humanos es el instinto gregario, que
es el que nos impulsa a vivir en comunidad. Reza un proverbio
que "tenemos más de león que de tigre".

Cuando somos niños precisamos de la familia. A medida que crecemos
y forjamos nuestros puntos de vista, nos vamos integrando a la
comunidad y asumimos, en mayor o menor escala, sus patrones
sociales, políticos, filosóficos y religiosos.

¡Los humanos somos moldeados como entes grupales! Nuestro andar
está condicionado por una existencia social que impone códigos
éticos y reglas de conducta, y aunque el proverbio afirma que
«tenemos más de león que de tigre», no quiere decir que formemos
parte de una manada en la que impera la ley de la selva. ¡No es así!

La colectividad asigna compromisos, exige disciplina y respeto por los
valores físicos e intangibles de los demás. A todos se nos reclama
un grado de responsabilidad social. Muchas de estas obligaciones
están amparadas por decretos y leyes institucionales, pero otras, no.

La mayoría de nuestros deberes con la sociedad son modelos

elementales de convivencia, simples normas de comportamiento que no constan en libros de leyes o en panfletos de ordenanzas, pero miden el grado de compromiso con que actuamos a favor o en contra de los intereses vitales de la comunidad.

Entre estos modelos resalta la necesidad de ser respetuosos y tolerantes con los demás, aunque piensen diferente; no discriminar a nadie por su raza, posición económica, edad o creencias; valorar y respetar el pasado y la cultura de la sociedad, ser corteses y educados, venerar la naturaleza, cuidar el medioambiente, luchar por los sueños sin esquilmar a otros y alcanzar el éxito no solo pensando en el bienestar propio, sino en el de todos.

Cuando actuamos con responsabilidad social beneficiamos a todos y, a la vez, nos favorecemos nosotros mismos. Cito un ejemplo negativo: quien conduce un auto en estado de ebriedad tiene grandes posibilidades de lastimar a otros, pero está propenso también a ser víctima de su propia indisciplina. ¡La irresponsabilidad social suele tener doble filo! Afecta tanto al que la sufre como al que la practica.

Las obligaciones sociales nos protegen a todos sin excepción. Su cumplimiento y respeto dicen mucho del nivel de instrucción, de la hospitalidad, la decencia y la cultura de un pueblo. Desde el punto de vista individual, actuar en la vida con responsabilidad social nos hace más sensibles, atractivos y mejores seres humanos.

Cuando actuamos con responsabilidad social beneficiamos a todos y, a la vez, nos favorecemos nosotros mismos.

Perdonar... ¿y olvidar?

"El perdón no es un acto ocasional,
sino una actitud permanente".
Martin Luther King Jr.

Siempre que me refiero al perdón me viene a la mente Nelson Mandela, un hombre capaz de perdonar a quienes lo mantuvieron encerrado, sin razón, por más de veinte años.

Para Mandela, la venganza te rebaja al mismo nivel que tu enemigo, mientras que el perdón te hace superior. Él fue capaz de demostrarlo, y gracias a esa convicción su país, Sudáfrica, a punto de estallar en una guerra civil, logró eliminar el oprobioso *apartheid* de la manera menos traumática posible.

Pero ¿*perdonar* significa *olvidar*? La respuesta es compleja. Cuando suceden aberraciones como esa, el perdón no puede implicar olvido, pero con el único propósito de evitar que se repitan las situaciones, para no tropezar dos veces con la misma piedra. Son agravios que merecen perdón, como toda acción humana en la vida, pero también requieren de memoria histórica.

Perdonar sin olvidar no significa vivir agobiado eternamente por el recuerdo de un ultraje; no es seguir sufriendo hoy las injurias del ayer. De ser así, no sería válida ni reconfortante la acción de perdonar. Es como no estar dispuestos a disfrutar la calma porque acaba de azotar una tormenta.

Esa actitud enrarece la existencia y obliga a los seres humanos a arrastrar las pesadas cadenas del pasado. Perdonar y no olvidar significa no desdeñar el pasado, pero disfrutar del presente gracias, precisamente, a la decisión de hacer valer el perdón. Significa proteger el futuro de nosotros mismos y de las próximas generaciones.

Perdonar es una acción noble y heroica que sana heridas. Y, como dijo el propio Mandela, "libera el alma y hace desaparecer el miedo. Permite que hasta el enemigo se libere de su odio".

Respeto también a quienes viven convencidos de que el perdón ha de venir, en todo momento, aparejado con el olvido de la ofensa. Quienes piensan así, sustentan que esa noble acción no se realiza completamente hasta que no se borra de la memoria el escarnio del que hemos sido víctimas.

Cuando no olvidamos –sostienen–, aunque tratemos de negarlo, las heridas nunca cierran; siempre están a flor de piel, a pesar de haber ejercido el perdón. Se pueden abrir en cualquier momento y por cualquier razón. Si no olvidas, nunca podrás perdonar.

Como dije, la respuesta a la pregunta de si perdonar significa olvidar es compleja. Cada cual responde según su experiencia, su formación, su punto de vista filosófico. Sin embargo, coincidimos todos en la necesidad del perdón y en lo grande que se convierte el ser humano cuando tiene la valentía de ejercerlo.

Podemos perdonar y olvidar, o perdonar y no olvidar. Lo inadmisible, lo ciertamente ingrato, es olvidar que alguna vez fuimos perdonados.

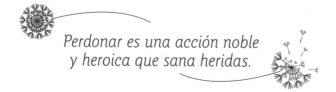

Perdonar es una acción noble y heroica que sana heridas.

La grandeza de la cortesía

*"La cortesía hace que el hombre
aparezca exteriormente
tal como debiera ser en su interior".*
Jean de La Bruyere

Dos sucesos, relacionados con la práctica de la cortesía, movieron el interés de la prensa internacional y han provocado opiniones y diversos criterios desde todos los puntos de vista. El primero lo protagonizó el papa Francisco –que fuera Hombre del Año, según la revista *Time*–, durante una visita al Vaticano de los reyes de Jordania, Abdalá II y Rania. El saludo inicial transcurrió según el protocolo. Lo llamativo se produjo al final, cuando el Sumo Pontífice, en lo que ha sido catalogado como un gesto histórico, hizo una reverencia a la reina Rania, algo insólito para muchos. Otro evento que movió los resortes de la prensa fue el estrechón de manos del presidente Barack Obama al gobernante cubano Raúl Castro, durante las honras fúnebres de Nelson Mandela. No tengo dudas de que ambos gestos, tanto el del Papa como el de Obama, fueron resultado de la más elemental cortesía.

La demostración de buenos modales se engrandece, en ambos casos, porque se manifestaron ante personas con credos e ideologías muy diferentes. Los reyes jordanos son musulmanes, y Cuba y Estados Unidos, en ese momento, no tenían ninguna relación. Es normal que ambas acciones suscitaran interés mediático, provocando tantos puntos de vista diversos. En la medida en que la diferencia es mayor entre las personas, ¡trasciende más un acto de cortesía en ellas!

Pero ¿la cortesía viene aparejada con la hipocresía? No, nada tiene que ver una con la otra. Ser hipócrita es dominar el arte de mentir, de simular cualidades. Ser cortés es una manera de brindar atención y respeto, a pesar de las diferencias. La hipocresía es falsa y la cortesía es honesta, aunque en política a veces se las confunda.

En el "Infierno", incluido en *La Divina Comedia* de Dante Alighieri, los hipócritas son condenados a cargar por toda la eternidad una pesada capa de plomo revestida con un fino baño de oro. ¡Cuánto simbolismo en Alighieri! Siempre la hipocresía viene cargada de malas intenciones encubiertas.

La cortesía, no; por el contrario, hace atractivos a los seres humanos. ¡Cuánto nos alegra tropezarnos en la calle con personas llenas de buenos modales! Personas que saludan y ofrecen, sin miramientos, los buenos días, las buenas tardes o las buenas noches.

La cortesía relaja el ambiente. En el funeral de un hombre como Mandela, quien hizo suyo como nadie el poder del perdón, no era posible actuar de forma descortés. En el suceso del papa Francisco ante los reyes jordanos, su actitud humilde, a pesar de su grandeza, dejó bien sentado el respeto por los puntos de vista y el credo de los visitantes. La reina Rania también tuvo con el Papa un gesto cortés, sin precedentes, al asistir a la cita con su cabeza cubierta por un velo blanco, símbolo de la pureza católica.

Los buenos modales hacen lucir a las personas, nos convierten en seres dignos de atención. Un gesto cortés y una sonrisa abren puertas y ventanas. Para conseguirlos, según Ralph Waldo Emerson, a veces no necesitamos más que un pequeño sacrificio.

Ser cortés es una manera de brindar atención y respeto, a pesar de las diferencias.

¿Tolerar la intolerancia?

"El mayor problema en el mundo
de hoy es la intolerancia".
Diana de Gales

La tolerancia es una de las virtudes que más ennoblece al ser humano, un don que lo magnifica. Es, quizá, la más excelsa muestra de respeto por el origen, la manera de pensar y de actuar de los demás, aunque sean diferentes. Tolerar es estar dispuestos a escuchar, es respetar y, a la vez, tratar de ser respetados.

En este camino, a la humanidad aún le falta un buen trecho por andar, a pesar del esfuerzo de numerosos organismos internacionales y de no pocas personalidades con influencia global. En pleno siglo XXI, unos más que otros, por una u otra razón, hemos sido víctimas de este flagelo que atenta contra el diálogo, el nivel de comprensión y la armonía que tanto necesitan hoy los habitantes del planeta.

La intolerancia siembra odio y rencor; nunca se cosechará nada positivo de ella. Asienta sus raíces en los más bajos sentimientos humanos: el egoísmo, el fundamentalismo religioso y político, el afán de poder, el ego desmedido y los más ancestrales prejuicios sociales. La falta de confianza en uno mismo y una actitud negativa ante la vida contribuyen a la formación de una personalidad de esta naturaleza.

Nada tan difícil como entablar un diálogo ameno y constructivo con los intolerantes. Más que difícil, lo calificaría de imposible; entre otras razones porque son seres que se resisten al intercambio de ideas, perseveran hasta el absurdo en la defensa de sus criterios y viven, en todo momento, bajo el temor de que otro tenga la razón.

¡El miedo es también uno de sus grandes aliados!

Pero, aceptar los puntos de vista y la manera de actuar de nuestros semejantes, ¿debe llegar hasta el límite de soportar su intolerancia? Víctor Hugo, el gran novelista francés, llegó a la conclusión de que "no es tolerante aquel que no tolera la intolerancia". Eso es cierto, pero hasta el punto donde deja de ser una virtud para convertirse en indolencia, en una manifestación de falta de solidaridad humana.

Somos indolentes cuando, en aras de respetar la manera de pensar y hacer de otros, permitimos el abuso y la discriminación de nuestros semejantes por su etnia, orientación sexual, ideología o puntos de vista religiosos. También cuando esa manera de enfocar la vida se convierte en una actitud irrespetuosa y agresiva contra aquellos que piensan diferente. ¡Hasta ahí, la tolerancia!

Me adhiero plenamente a la línea conceptual de Mahatma Gandhi, alguien a cuya obra recurro cotidianamente y quien, haciendo gala de su sabia manera de enfrentar la vida, nos dice: "Cuando conozco a alguien, no me importa si es blanco, negro, judío o musulmán. Me basta con saber que es un ser humano".

¡Bien otra vez por Gandhi!

Tolerar es estar dispuestos a escuchar, es respetar y, a la vez, tratar de ser respetados.

¡Sonriamos!

"La risa es la distancia más corta entre dos personas".
Víctor Borge

Un bebé de apenas día y medio de nacido ya puede ofrecer una sonrisa a sus padres. Puede parecer que a esa temprana edad ya es consciente de que reír es la mejor manera de agradecerle a Dios su llegada a este mundo y de que es la fórmula más eficaz para que la vida también le sonría.

Por supuesto que el bebé no es consciente de sus actos. Lo que sucede es que reír es algo tan natural, que hasta un recién nacido puede hacerlo. ¡Reír es muy fácil! Es un privilegio otorgado por Dios. Es beneficioso tanto para nuestra salud física como mental, sin importar la edad. Incrementa la autoestima, aleja la depresión y el desánimo; nos alivia posibles sufrimientos y, según muestran muchos estudios, hasta combate el estrés.

La sonrisa es patrimonio único de los seres humanos, por eso repito que es una libertad que el Creador nos ha otorgado. ¡Aprovechemos ese regalo divino, riamos! Tengamos en cuenta que es el más universal de los lenguajes: todos, sin importar el idioma que hablamos, comprendemos una sonrisa sincera porque es, según el Dalai Lama, la expresión perfecta del amor y la compasión humana.

No importa el sexo ni la raza, ni si somos feos o bonitos: la sonrisa es el más eficaz y económico de los maquillajes. Nos hace sociables, permite que exterioricemos la paz y la felicidad del alma y las compartamos con los demás, a la vez que los demás tienen también la posibilidad de compartirlas con nosotros.

Nada satisface más que la sonrisa de un semejante, aunque no sepamos quién es. Cuando observamos a alguien con una expresión de alegría en su rostro, enseguida nos alegramos también y, al menos por algunos momentos, nuestra mente descansa de los problemas que puedan estar acosándola. La sonrisa es el mejor acompañante en el camino de la vida.

Sin embargo, no reímos todo lo que debemos, porque desde pequeños comienzan a inculcarnos que para triunfar en la vida y para que los demás nos respeten, tenemos que ser "personas serias". El nivel de responsabilidad y seriedad en los deberes diarios no entra en contradicción con nuestra disposición a sonreír y a mantener un semblante alegre y relajado, todo lo contrario.

No quiero decir que ahora salgamos a la calle soltando carcajadas a diestra y siniestra, pues podrían tildarnos de locos con mucha razón; pero una buena carcajada, de vez en cuando, no viene mal. Aumenta la ventilación en nuestro organismo y la sangre se oxigena, nos nutre de energía positiva e incrementa la producción de un grupo de hormonas necesarias para la sanación del cuerpo.

En la cultura oriental la risa es aun más apreciada que en Occidente. Los budistas Zen, grandes especialistas en meditación profunda, tratan de iluminar su alma a través de una carcajada. Para ellos, una carcajada es algo muy serio.

Hagamos nosotros también algo muy serio de la risa porque, como dijo William Shakespeare, "es más sencillo obtener lo que se desea con una sonrisa que con la punta de la espada".

La sonrisa es el más eficaz y económico de los maquillajes.

Personajes

PARTE 3

Caminar hacia adelante

*"No hay inteligencia allí
donde no hay cambio
ni necesidad de cambio".*
Herbert George Wells

Los seres humanos y todas las instituciones de la sociedad vivimos en medio del orden o del caos. Vivir en orden significa ser capaces de marchar al ritmo de la vida, enfrentar cada uno de los desafíos, tener la disposición de asumir los cambios que sean necesarios; es, sencillamente, ser consecuentes con el presente.

El caos impera cuando, por el contrario, somos incapaces de seguir los pasos de la vida. Unas veces, por ineptitud y otras –las peores– por la testaruda imagen de un pasado ajeno a toda idea de desarrollo que pretende detener el tiempo.

Querer vivir hoy con ideas de ayer es vivir en el caos. El mundo se nos convierte en una madeja indescifrable si sus vueltas transcurren con mayor rapidez que nuestros pensamientos, decisiones y acciones. Estos son los tres escalones básicos que sustentan el cambio y permiten disfrutar el placer de la renovación. ¡No cambiar es no aceptar el reto de la vida!

A raíz de la elección de Jorge Mario Bergoglio como Francisco, expresé en su momento que la Iglesia Católica había roto con la tradición papal europea. El nuevo Papa nos sorprende cada día con declaraciones quizás insólitas para un Sumo Pontífice, pero que no son más que una prueba del espíritu de cambio que recorre los pasillos del Vaticano, a pesar de las reticencias de algunos. Estos últimos no tienen en cuenta que mirar solo el pasado detiene el presente y pone en peligro el futuro. El cambio trae consigo muchas veces la melancolía.

Los puntos de vista de la sociedad actual son muy diferentes a los de hace apenas diez años. Junto a la tecnología, el ser humano también evoluciona socialmente a una velocidad vertiginosa. Hay que tener inteligencia y disposición para acoplarse al desarrollo, a veces galopante, que impone la modernidad.

Hace diez años pocos habrían imaginado a un Papa calificando un adelanto tecnológico –en este caso, Internet– como "un don de Dios". Y mucho menos definiéndose como un pecador, o criticando a su propia institución por haber "crucificado a los homosexuales por su condición, cuando lo que se debe valorar son las personas".

Anuncios de más renovación en la curia romana, reformas económicas, la necesidad de elevar el papel de la mujer y de los jóvenes en el sostenimiento de la Iglesia, la regulación en el número de sacerdotes que pueden recibir el título de monseñor, los reemplazos de trono, habitación y transporte papales y una mayor austeridad en la vida vaticana son algunas de las decisiones de Francisco que estremecen, para bien, a la cumbre católica.

La Iglesia, como todo en la vida, ha de marchar hacia adelante para evitar el caos. No podemos vivir hoy con pareceres de ayer, y el Papa lo sabe. Los retos son cada vez mayores, pero su bondad, inteligencia e influencia sabrán enfrentarlos, para el bien y el orden de la Iglesia y del mundo.

Querer vivir hoy con ideas de ayer es vivir en el caos.

La longevidad de un emigrante luchador

*"La adversidad es
el primer paso a la verdad".*
Lord Byron

S horty, el hombre más viejo del mundo, murió en Nueva York a
los 112 años. Frente a este tipo de noticias siempre pienso en los
misterios de la naturaleza humana, en las posibilidades de alcanzar
ciertas edades, a pesar de las complicaciones de una vida agitada.

Me maravilla la idea de escrutar el mundo, como hizo Salustiano
Sánchez Blázquez (Shorty), quien desde los diez años conoció
países muy distantes y diferentes a su España natal. Desde El Tejado
de Béjar, su pueblito en la provincia española de Salamanca, viajó
a Cuba, y de ahí a Estados Unidos, donde formó familia.

La existencia de Shorty fue intensa desde niño. Se asegura siempre
que los estilos de vida de esa etapa son imprescindibles para fijar
las condiciones de la adultez. Desconozco la situación económica
de Salustiano en aquel pequeño pueblo, abriendo el siglo XX, pero
tampoco es difícil de imaginar: muy temprano emigró a Cuba para
trabajar en los campos de caña.

En Estados Unidos, además, trabajó en minas de carbón y en la
construcción. Es decir, lejos de una vida apacible y monástica, hizo

mundo con labores y empleos en sectores muy fuertes, y cambió de destino cuando lo entendió necesario. No es sencillo emigrar dos veces.

Salustiano comía un plátano cada día, así como otras frutas y verduras. No soy dado a creer en fórmulas milagrosas para la longevidad, pero sí en los beneficios de una alimentación adecuada, en un estilo de vida saludable y en la capacidad para adaptarnos a diversas circunstancias.

Nadie puede asegurar que la vida de Salustiano haya sido fácil. Esto me lleva a recordar que la comodidad muchas veces aniquila, petrifica y casi nos hace morir en vida. Él y otros han demostrado que los luchadores, gente humilde que ha enfrentado serios problemas, también pueden vivir más y mejor.

Los índices de vejez son interpretados como garantía de éxito económico y social en las sociedades modernas, y todos aspiramos a formar parte del dato. Sin embargo, vivir más tiempo solo tiene sentido si lo hacemos plenamente. La base de la calidad de vida es esencialmente económica, pero no solo de pan vive el hombre. Vivir más y mejor es también soñar, viajar, aprender y compartir.

Vivir más tiempo solo tiene sentido si lo hacemos plenamente.

Cuando la cuerda se tensa...

"La imprudencia suele
preceder a la calamidad".
Apiano

La mejor metáfora para describir la situación de Justin Bieber es una cuerda tensa, muy tensa, sometida a un final de difícil pronóstico. Pero, si las consecuencias de la autodestrucción casi siempre pueden preverse, ¿por qué algunos ignoran tales evidencias?

No me sorprende la vida extrema del ídolo pop canadiense. Los roces constantes con el peligro, el aburrimiento crónico y el escándalo como hobby son conductas más o menos habituales en el mundo del espectáculo, pero también en otros sectores.

Alrededor de los 20 años cualquier joven promedio estudia o trabaja, está pensando en cuestiones elementales de supervivencia, cómo terminar una carrera u oficio, progresar, independizarse económicamente, enamorarse y empezar a construir futuro. Sin embargo, ¿qué pasa cuando a tan corta edad ya tenemos los problemas resueltos?

Ser rico no es un pecado. Alcanzar el progreso material por la vía del trabajo, el esfuerzo y la dedicación es cualquier cosa menos un problema. Sin embargo, lidiar satisfactoriamente con el éxito depende de varios factores, entre ellos la familia, la educación, la madurez personal y el entorno. No es fácil gestionar una fortuna económica, sobrevenida en un abrir y cerrar de ojos. En estos casos siempre es decisiva la inteligencia emocional. Sobran ejemplos de multimillonarios que lograron su éxito con diversas velocidades, pero valoran y protegen lo alcanzado. No los vemos arriesgar sus vidas cada semana. Todo lo contrario.

Que a los 20 años solo nos estimule la transgresión de las normas o necesitemos retar a Dios –permanentemente– para sentirnos vivos, plantea interrogantes difíciles de contestar. Saltarse etapas, acelerar indiscriminadamente la existencia es ingresar en una lotería de resultados imprevisibles.

La vida es un aprendizaje eterno y debemos gestionar adecuadamente nuestras riquezas. Sobre todo, la más importante, la espiritual, y prepararnos para alcanzar los objetivos planteados. Una vida sostenible solo se consigue dosificando las fuerzas, con el combustible de la autosuperación, el crecimiento personal y el equilibrio de la mente. Hay demasiados problemas en el mundo, mucha gente a la que ayudar, miles de situaciones en las que podemos involucrarnos. No hay tiempo ni justificación para aburrirse.

Bienaventurados los que consiguen fortuna económica a través del trabajo honrado, pero la vida es mucho más que dinero y escándalo.

La vida es un aprendizaje eterno y debemos gestionar adecuadamente nuestras riquezas.

La vida suele ser rápida y furiosa[*]

"El valor es hijo de la prudencia,
no de la temeridad".
Calderón de la Barca

Seguramente, alguna vez te ha sucedido que te planificas en torno a un año, quizá cinco, pero en el transcurso de un mes, una semana o 24 horas, el rumbo de ese barco llamado vida cambia totalmente.

Como aquel estudiante que desde sus años de infancia se ve en la misma ciudad y en su mismo entorno, muchas veces con el pesimismo de continuar bajo el mismo horizonte para siempre, pero el barco de su vida toma la ola precisa para impulsarse de manera contundente, para terminar siendo un ciudadano del mundo.

O aquella chica que imaginó su vida con un príncipe azul, y que de pronto un golpe bajo por una decepción amorosa la hizo abrir los ojos, tomar fuerza y desplegar las alas hacia la independencia en una vida exitosa y plena. Esos bruscos cambios de rumbo, que a veces duelen, son los que nos recuerdan que la vida es en este instante, sin futuro determinado a largo plazo.

---

* A la memoria de Paul Walker

Cuántas veces añoramos el momento en que al fin podamos cumplir nuestros sueños, o las condiciones que supuestamente requerimos para ser felices. Y mientras esperamos que esto llegue, sufrimos, nos quejamos y nos lamentamos casi todo el tiempo.

¿Alguna vez has reflexionado sobre lo maravilloso que es estar vivo en este instante? ¡La mejor parte de tu vida está ocurriendo ahora! Este momento es único e irrepetible, no se volverá a presentar de la misma manera. Así que vale la pena disfrutar y atender al máximo este instante, que puede transformar completamente el resto de tu vida. Muchas personas han vivido pendientes de todo lo bueno que les espera en el futuro, perdiéndose la oportunidad de vivir el ahora.

Aprendí a despejar la bruma de mis temores y de los viejos prejuicios adquiridos, que muchas veces se convierten en la causa que impide definir lo realmente importante. Después de mucho tiempo, logré comprender que la felicidad depende de mí, y por esa razón está en mis manos tomar las riendas, aligerar las cargas y generar un viaje placentero, sin las mortificaciones de lo que aún no ha sucedido, sino con la gratitud de mirar al frente y ver el preciado regalo que tengo por delante.

Las ironías nos toman a cientos de kilómetros por hora, como lamentablemente le sucedió al recordado Paul Walker, quien no pudo cumplir la última escena del largometraje de su vida, esta película en la que no hay chances de parar y repetir, sino que lleva un plano ininterrumpido.

Distintos pueden ser los escenarios de este viaje. A lo mejor llevamos muchos pasajeros, o quizás un copiloto al lado; pero si te tocara andar solo frente al volante, llévalo de la misma manera, a una velocidad prudente, porque eso que llaman destino no es para los que más rápido van, sino para los que saben llegar.

¡La mejor parte de tu vida
está ocurriendo ahora!

Soñar, nadar, llegar...

*"Nadie logra algo de importancia sin una meta.
La meta es la fuerza humana más poderosa".*
Paul Myers

Difícilmente podría realizar una hazaña como la que ha protagonizado la nadadora estadounidense Diana Nyad, pues la natación no es mi especialidad ni está en mi lista de sueños. Sin embargo, su experiencia revela hasta dónde podemos llegar los seres humanos cuando perseveramos en nuestras ideas.

Diana Nyad no consiguió la meta en varios intentos previos entre las costas de Cuba y Florida. Pero esta vez sí pudo. Sufrió más de lo que imaginaba: arribó a Cayo Hueso con los labios inflamados y la piel marcada por el sol. Físicamente agotada.

Ella es la primera persona que ha podido recorrer a nado los 177 km, sin una jaula de protección contra tiburones. ¡Una proeza, a sus 64 años de edad!

Nada más con llegar a tierra, ratificó sus lemas de vida: "Nunca, nunca, debemos darnos por derrotados", "nunca somos demasiado viejos para lograr nuestros sueños" y la natación "parece un deporte en solitario, pero es una labor de equipo".

¡Cuánta sabiduría en unas pocas palabras! Tales historias de vida refuerzan las ideas que siempre he defendido sobre los sueños, la perseverancia y el liderazgo.

A mis años, 20 menos que la gran nadadora, vuelvo sobre mis
propósitos y ratifico las grandes avenidas proyectadas como el mejor
camino para el éxito. Cualquier edad es óptima para soñar, para
mantener vivo el espíritu de aprendizaje.

Diana, consciente de la suya, ha anunciado su retiro de los océanos,
pero no de la natación. Hay grandeza incluso en el reacomodo.
Medir fuerzas es importante para evitar frustraciones. Pero
siguen presentes el gran sueño, la pasión por nadar y por vencer
obstáculos. Así deberíamos enfrentar el día a día.

Nadar, vencer la corriente, arribar al otro lado, con fuerza y tesón frente
a las adversidades, es la mejor metáfora para estos tiempos.

Cualquier edad es óptima para soñar,
para mantener vivo el espíritu de aprendizaje.

Viajar, descubrir, vivir
PARTE 4

Ciudadano del mundo

"El que está acostumbrado a viajar,
sabe que siempre es necesario partir algún día".
Paulo Coelho

S olo hay una manera de entender el mundo y la naturaleza
humana: hablando, escuchando y compartiendo abiertamente
con la gente. Algunos lo materializan sin moverse de sus casas,
a través de los libros, la televisión e Internet, pero otros ni siquiera
se cuestionan lo que hay más allá de sus pestañas.

Durante unos días de asueto en Centroeuropa, mientras me dejaba
llevar por la fuerza del tren, maravillado por el paisaje de campos y
ciudades, recordé con alegría lo recibido en mis viajes por el mundo.
¡Es imposible cuantificar tanta enseñanza! De niño y adolescente
veía numerosas películas y no dejaba de soñar con el mapamundi
entre las manos. Me dormía diseñando rutas, atravesando montañas
y conversando con gente de todas las razas y etnias. Le pedía a mi
padre que me llevara al aeropuerto de Santiago de Cuba para ver
despegar y aterrizar los aviones, pensando que algún día podría
volar en uno de ellos.

Debo dar gracias a Dios por haber realizado mis sueños, y con creces.
Vivimos en un mundo en el que muchas personas no pueden
moverse, debido a razones económicas, visados o limitaciones
incomprensibles. Ahora que mis paisanos pueden viajar fuera de

Cuba sin pedir permiso a las autoridades, tropiezan con el muro económico y con la dificultad de las visas. Mi muro lo derribé y espero que sea para siempre.

Conozco a cubanos que han aprendido, de otro modo, cómo se mueve el mundo: viendo programas de televisión sobre viajes, producidos en España, que llegan informalmente a la isla y tienen un éxito increíble. Me maravilla cómo los humanos hallamos soluciones para nuestras carencias y cómo las nuevas tecnologías ayudan cada vez más en ello.

Entrar en contacto con la diversidad del planeta es la gran escuela de la convivencia, sea a través de libros, Internet, medios audiovisuales o de la presencia in situ. La mejor receta para vencer las reticencias frente a lo diferente es el contacto directo con lo diferente. ¿Alguna vez has conversado con chinos, filipinos o árabes que trabajen a tu alrededor? A veces, no hace falta ir tan lejos para compartir las ideas y saber más de otras culturas y tradiciones. Deberíamos empezar por ahí.

Admito que me atrae la posibilidad de lo desconocido y diariamente hablo con decenas de personas de diversas procedencias. Me interesa lo que piensa la gente, cómo vive y cuáles son sus sueños. Mostrarme así me ha permitido entender mejor la raza humana y desterrar actitudes feas como el nacionalismo y el chauvinismo.

Ser ciudadano del mundo, con sentimiento de pertenencia a la tierra natal, pero también con una visión global y solidaria, es la mejor vacuna contra el racismo y la xenofobia. Viajar es una de mis grandes pasiones, cada día estoy más convencido de ello.

Entrar en contacto con la diversidad del planeta es la gran escuela de la convivencia.

Carnavales de Río: sueño cumplido

*"Quien produce con alegría y se
alegra de lo producido es feliz".*
Goethe

Participar en un carnaval de Río de Janeiro fue una idea que cultivé
siempre, uno de esos sueños que califico de supremos y que hice
realidad, gracias a Dios, en febrero de 2013.

No fui con la intención de ser un turista típico, uno de esos que llega
desde cualquier parte del mundo y que, apenas baja del avión, se
deja arrastrar por la exaltación y el delirio del carnaval. No obstante,
estaba consciente de que, como dicen los brasileños, "una vez allí,
tienes que divertirte". ¡Es imposible sustraerse a la alegría contagiosa
que irradia una fiesta de tales dimensiones!

No fui una excepción: me divertí hasta el delirio. En un momento de
la primera noche, en medio de la apoteosis del sambódromo, me
percaté de que llevaba casi nueve horas de pie. Andaba de aquí
para allá, compartiendo con cientos de personas de todas las
nacionalidades, bailando, cantando, sin tiempo para sentarme ni
siquiera un instante.

Me sucedió lo que a todos, sin saber cómo: me dejé contagiar por la
música; me deslumbró el alarde de luces, la variedad de disfraces,

la infinita gama de colores, la sensualidad y la belleza que fluyen de cada carroza y de cada comparsa que marchan sin descanso hasta darle la bienvenida al amanecer.

El desfile es frenético. Es competitivo. Cada escuela de samba se prepara rigurosamente durante meses con el único propósito de obtener la victoria y, aunque pudiera parecerlo, no es un desfile vacío de contenido, todo lo contrario. Cada escuela selecciona anualmente una temática y a ella le dedican la música, el diseño de los trajes y el montaje de la coreografía. Es una magistral demostración de forma y contenido.

Pueden llegar a participar hasta cuatro mil personas durante el recorrido de cada escuela, en medio de un espectáculo calificado por muchos de maravilloso y que a mí se me antoja catalogarlo de real-maravilloso, como seguramente lo hubiera hecho un cubano ilustre, Alejo Carpentier.

Tuve la oportunidad de ver desfilar a la escuela de samba de Villa Isabel, ganadora del primer lugar. Obtuvo el premio gracias a una temática que deja bien claro que el carnaval de Río va más allá de las luces, la música y las lentejuelas: "Brasil, granero del mundo", todo un homenaje al campesino brasileño.

Sin embargo, mi interés no se centraba únicamente en el carnaval. También tenía la necesidad de compartir, al máximo, con la gente de ese país para enriquecer el libro que estaba escribiendo en ese entonces, *Un buen hijo de p...* Me vi en la necesidad de contratar a un taxista para que jugara la doble función de chofer y guía. Gracias a él conocí Río de Janeiro más allá del sambódromo, aunque debo reconocer que en cada esquina se sentía la vibración del carnaval.

En una ocasión logré, a duras penas, que mi improvisado anfitrión me adentrara en su automóvil unas cuantas cuadras en una favela, pero el recorrido completo tuve que hacerlo por el aire, encima de un funicular, que allí es un medio de transporte público. Mi chofer-guía me dijo, simplemente, que no acostumbraba ingresar a esos lugares. Él tendría sus razones.

Califico como momentos inolvidables mis recorridos por las playas de Ipanema y Copacabana, siempre llenas de bañistas; y mi sobrevuelo en helicóptero por la costa de la enorme y hermosa ciudad carioca, por encima del Pan de Azúcar.

Fui a Río de Janeiro para ser testigo de la pasión, la euforia y la felicidad que caracterizan al pueblo brasileño. Para mi beneplácito, lo logré con creces. Brasil es un país con un desarrollo cultural que nadie pone en duda y los carnavales de Río son la expresión más sublime de ese inmenso caudal.

Me marché con la convicción de que el carnaval no genera pasión, sino todo lo contrario: la pasión del pueblo es la que genera el carnaval. Por eso, si te atreves a soñar en grande, si te decides a visitar Río de Janeiro durante sus carnavales, llénate de pasión para disfrutar a tope y así contribuirás a la grandeza de lo que algunos llaman "la mayor fiesta del mundo".

¡Es imposible sustraerse a la alegría contagiosa que irradia una fiesta de tales dimensiones!

Ciudades con encanto

"Viajar esperanzadamente
es mejor que llegar".
Robert Louis Stevenson

A veces uno cree que lo sabe todo, o que ya ha conocido bastante. Pero de pronto encuentra un universo por descubrir, o que el mundo es demasiado grande y diverso como para pretender abarcarlo todo.

Tales fueron las sensaciones que experimenté al consultar la lista mundial de ciudades, hoteles, líneas aéreas y destinos turísticos divulgada por la revista especializada *Condé Nast Traveler*. Dos de sus enseñanzas son que a veces las cosas no son lo que parecen y que el tamaño puede ser relativo.

Si constatamos las mejores ciudades del continente americano, por citar un ejemplo entre varias categorías, encontramos algunas confirmaciones y varias sorpresas. La selección, obviamente, no deja de ser subjetiva. Los ganadores de la entrega número 26 de los *Readers' Choice Awards* fueron escogidos mediante 1,3 millones de votos. Sin embargo, la tendencia siempre ofrece una idea global del asunto, una generalidad útil para el conocimiento.

En América Central y Sudamérica, el primer lugar es para Buenos Aires. De momento, ninguna sorpresa. La capital de Argentina es una ciudad que conozco y en la que no descartaría vivir. Un lector de la revista la considera la "París del Sur". Luego aparecen, por ese orden, Cusco (Perú), Cartagena (Colombia), Paraty (Brasil) y Antigua (Guatemala). En mi caso, una mezcla entre lo conocido y lo por conocer. En los cuatro ejemplos se manifiesta el encanto de las ciudades pequeñas y medianas, bastante alejadas del ruido ensordecedor.

La ciudad de San Miguel de Allende preside la lista de México, país que cuenta con una categoría propia. La revista repara en su buen ambiente, excelentes restaurantes y en su cultura, así como en "la falta de alumbrado público y vallas publicitarias". Sí, como lo estás leyendo.

Charleston, por su parte, es la primera ciudad de Estados Unidos, según los *Readers' Choice Awards*. Se la admira por su arena, sol, historia, buena comida y gente amable. ¿Qué más se puede pedir?

Resulta comprensible que nuestro encuentro con el mundo suela empezar por grandes e icónicas ciudades. Nueva York y San Francisco, en Estados Unidos; el Distrito Federal, en México; o Río de Janeiro y Sao Paulo, en Brasil. Pero mezclando inteligentemente economía y curiosidad, podremos descubrir verdaderos tesoros no tan visibles.

La lista de urbes mundiales viene a demostrarnos que hay muchas personas interesadas en los pequeños detalles, en escenarios encantadores que solo ofrecen lugares muy especiales. Después de leerla, ya tengo nuevos destinos para descubrir. ¿Cuáles son los tuyos?

Mezclando inteligentemente economía y curiosidad, podremos descubrir verdaderos tesoros no tan visibles.

La India, ¡un país único!

"El único verdadero viaje de descubrimiento
consiste no en buscar nuevos paisajes,
sino en mirar con nuevos ojos".
Marcel Proust

Hace poco cumplí uno de los grandes sueños de mi vida: visitar la India, el séptimo país más extenso y el segundo más poblado del mundo, después de China. Aún permanecen en mí sus olores, una combinación de sazón picante, curry, sándalo y multitud; sus contrastes sociales, colores y ruido interminable.

La India es una nación de grandes diferencias. Allí conviven, junto a las más arraigadas tradiciones milenarias –algunas incomprendidas por los visitantes–, los últimos adelantos de la ciencia y la técnica. Es una potencia nuclear en la que cohabitan pobreza y opulencia.

La disparidad se acaricia a simple vista, pero solo unos días de visita no me arman de argumentos, ni mucho menos de potestad, para evaluar el porqué de esas enormes desigualdades. La India es un país único, y su población, de más de 1.200 millones de habitantes, es también singular.

Imposible, en apenas una semana, acostumbrarse a la idea de ver vacas sueltas por las calles, monos saltando de techo en techo o que el auto traspase, en medio de la vía pública, a un elefante conducido por su guía. Ir a la India es ver el mundo de otra manera.

Si tuviera que emitir un punto de vista definitorio sobre esa nación, sin pecar de presumido, asumiría las palabras del gran escritor estadounidense Mark Twain, cuando dijo: "A mi juicio, nada ha sido dejado sin hacer, bien sea por el hombre o por la naturaleza, para hacer de la India el país más extraordinario que ilumina el sol".

Bajo su sol, ¡el visitante siente que todo es extraordinario! Es una tierra tan asombrosa que, hasta en medio de la más brutal pobreza, sobresale la sonrisa. Su gente ríe, es amable y cortés, sin importar a cuál casta pertenece.

Es una nación dividida en castas y se hace muy difícil, casi imposible, pasar de una a otra. ¡Así naciste, así has de vivir! Para nosotros no es fácil entenderlo, pero ellos lo asumen con conciencia, movidos por el influjo de su cultura milenaria.

Su espiritualidad provee las energías para soportar los peores momentos y disfrutar los mejores, sin importar la religión que se practique. Junto a los hinduistas –el credo mayoritario–, conviven católicos, budistas y musulmanes, pero en todos prima, en sentido general, el espíritu majestuoso que emana de las raíces de esa extraordinaria nación.

Hay mucho que decir de la India. Se necesita no poco espacio y tiempo para describir las emociones que provoca una visita al Taj Majal, ese gran monumento al amor, relatar una ceremonia religiosa o una de las tantas cremaciones a la orilla del Ganges. También para ensalzar el encanto de sus palacios, el sabor de su cocina, muy sazonada y picante, pero siempre apetitosa; su temor a la violencia extremista y su agradecimiento a la vida, a pesar de la pobreza de muchos.

Asumo que tengo una cuenta pendiente con ese inmenso y maravilloso país y su gente. Algún día volveré. No digo que para cambiar mi punto de vista sobre la vida, pero sí para tratar de comprender otra manera de enfocar nuestra permanencia en el mundo.

Su espiritualidad provee las energías
para soportar los peores momentos
y disfrutar los mejores.

EsCala a otro nivel

Tailandia: no solo bambú y elefantes

*"No se recuerdan los días,
se recuerdan los momentos".*
Cesare Pavese

Después de recorrer la India, visité el Reino de Tailandia. Fui testigo de muchos acontecimientos, entre ellos las protestas públicas. Decidí recibir 2014 en Bangkok, la capital de ese hermoso país del Sudeste Asiático, y ser testigo de sus fiestas, de la alegría de su gente y de toda su riqueza. La tradición y la cultura tailandesas no se desligan de la influencia del budismo, la religión mayoritaria. ¡Cuánto asombro al ver que Santa Claus o Papá Noel es representado por un elefante ataviado con una gran gorra roja!

La espiritualidad ronda cada uno de los rincones de Tailandia y el elefante es su símbolo de fuerza, sabiduría y protección. Sin embargo, no es un animal sagrado, como las vacas en la India. Los elefantes participan, a la par del hombre y la mujer, en importantes faenas productivas y constituyen un singular atractivo turístico. Viven en perfecta armonía con los seres humanos. En Bangkok, ciudad moderna y cosmopolita, radica el Museo Real del Elefante dedicado, según ellos, al más sabio de los animales.

Los tailandeses transmiten paz y armonía, inspirados en el budismo, religión que los urge a hacer el bien. Para ellos, no es lógico poder pecar y después arrepentirse. ¡Lo lógico es no pecar! La bondad es su arma principal. Visité uno de sus monasterios en la cumbre de una colina, donde fui partícipe, quizá, del aura más espiritualmente seductora que pueda emanar del ser humano, generada desde la entrega y la profunda paz que fluyen de sus monjes y del poder de la meditación. Me conmovieron sus sonrisas, su humildad, su entrega total, todo un oasis de equilibrio entre cuerpo y alma.

Pero Tailandia cautiva no solo por sus costumbres religiosas ancestrales, por su veneración a la naturaleza o por su amor a los animales. También lo hace por su ambiente popular y todo lo mundano que la caracteriza, desde la gastronomía hasta las hermosas playas y montañas con impresionantes paisajes. En Bangkok, una megaciudad a veces caótica, la diversión nunca termina; está atiborrada de mercados —terrestres y flotantes—, y se entrelazan enormes y modernos rascacielos con templos centenarios.

El encanto de su gastronomía es conocido mundialmente. Es muy difícil sustraerse al olor y al gusto de su cocina, un diapasón de sabores dulces, agrios, salados y amargos, siempre con un toque picante.

Son muchos los atractivos espirituales y sensoriales de esa nación rica en historia. Nos encontramos con comunidades étnicas únicas, todas pacíficas y hospitalarias, y con lugares célebres, como el famoso puente sobre el río Kwai. Así es Tailandia de asombrosa. En medio del eterno olor a incienso, tropezamos con grandes rascacielos, recreamos la vista con budas de dimensiones enormes, vemos elefantes dando masajes corporales o tratando de anotar un gol, degustamos comida de extraordinario sabor, visitamos playas envidiables; pero, lo más importante y atractivo es su gente, siempre hospitalaria, noble, trabajadora y muy alegre.

Son muchos los atractivos espirituales
y sensoriales de esa nación rica en historia.

Tocando el cielo con las manos**

"Un viaje se mide en amigos, no en millas".
Tim Cahill

E sta es una reflexión "al vuelo". La redacto en pleno viaje de regreso a Miami, a bordo de un avión de *Copa Airlines*, desde mi querida –y ya también adoptada– Ciudad de Panamá.

Cada año viajo mucho a Panamá, un pequeño-gran país que seduce con su empuje y, sobre todo, con el magnetismo, calidez y alto voltaje afectivo de su gente. Panamá es mucho más que una capital pujante. Repleta de rascacielos frente al mar, su vista panorámica rivaliza con cualquier otra ciudad en progreso. También es mucho más que un oasis económico y financiero, con enormes atractivos para empresarios, inmigrantes y jubilados. Es color y pasión. Es gente que, incluso en medio de la relajación latinoamericana, es capaz de sentir y escuchar con el corazón.

Por tres años consecutivos he visto a sus jóvenes disertar en el Concurso Nacional de Oratoria de Cable & Wireless. Y ahora regreso de ver a más de cinco mil niños, en una jornada de pintura liderada por la icónica artista Olga Sinclair. Ella es una gran amiga e inspiración de vida para muchas personas.

** A Olga Sinclair y su Fundación

A través de su Fundación, Olga lleva años utilizando la plástica como plataforma transformadora de la niñez. Con sus cómplices y voluntarios, siembra en miles de niños la llama de la creatividad y la independencia emprendedora. Esto representa un sello de marca-país; porque el arte libera, empodera y eleva la mente. Toda nación debería aspirar a ello, sobre todo en el trabajo con niños y jóvenes.

Panamá le ha arrebatado el nuevo récord Guinness a Arabia Saudita, que en 2011 presentó el mural o pintura hecho simultáneamente por la mayor cantidad de personas. Esta vez, 5.084 pintores fueron certificados por Guinness, frente a los 3.800 del mural islámico saudita. En Panamá, incluso, miles de niños tuvieron que pintar en los jardines adyacentes, porque ya no había espacio en el Paseo de la Pradera, frente a la sede del canal interoceánico. Muchos recordaron que ese lugar estaba vetado a los panameños cuando el canal se encontraba en manos de Estados Unidos. Hoy es un área de permanentes eventos gratuitos masivos.

De Panamá, de Olga, de su grupo de generosos cómplices, de sus miles de voluntarios, de Pedro Juan, altruista por ADN, me llevo una inspiración sin límites. Ellos nos enseñan que lo más preciado del ser humano es su poder de dar y compartir.

Caímos en la trampa de claudicar en nuestros valores, con tal de satisfacer supuestas necesidades materiales. Al final, nunca es tarde para mirarnos por dentro y aportar una idea, una sonrisa, una simple acción. Juntando voluntades haremos la diferencia. Servir al bien común, compartir y elevar a otros es vivir tocando el cielo con las manos.

Dios es amor. Se hizo el milagro. Felicidades, Panamá. Gracias Olga, por invitarme a ser testigo y parte de un hermoso acto de amor, generosidad y esperanza en el potencial y la esencia del ser humano. Te estaré siempre agradecido.

Servir al bien común, compartir y elevar a otros es vivir tocando el cielo con las manos.

Honduras hacia las alturas

"Nuestro destino de viaje
nunca es un lugar, sino una
nueva forma de ver las cosas".
Henry Miller

Terminan 72 horas de una primera visita a un país centroamericano que anhelaba conocer. Honduras, además, ha sido el menos representado con invitados en "Cala", el show de entrevistas que conduzco en CNN en Español. Es una deuda con los catrachos. Aprovecho el breve vuelo de regreso a casa, entre Tegucigalpa y Miami, para echar un vistazo al país desde las alturas, surcando el hermoso cielo que lo bendice.

En mi carrera como comunicador he aprendido a no ser prejuicioso sobre lugares que aún no conozco. Hay regiones que solo reseñamos a través de noticias o titulares que tiñen de tragedias, desastres o crisis nuestros espacios informativos. Esa es la realidad. La mayoría de las veces que presenté un noticiero internacional, Honduras era noticia por algo que no precisamente hacía sentir orgullo a sus habitantes.

Las estadísticas hablan. Es un país con grandes retos y situaciones socioeconómicas por superar. No los minimizaré. De hecho, los encontré en la prensa nacional durante mi visita. De sus ocho millones de habitantes, 800.000 familias viven con menos de un dólar al día. La inseguridad está en el centro de la agenda nacional ciudadana, junto a la impunidad, la corrupción y el crimen organizado derivado del narcotráfico. La educación y la calidad de las infraestructuras docentes también preocupan. El desempleo es otro de los flancos en los que el gobierno y varias organizaciones enfilan sus programas sociales más esperanzadores. Para nadie es un secreto que, en cualquier sociedad, el desempleo y la inseguridad son ingredientes de peso suficientes para obligar a muchas personas a emigrar.

En la salud pública queda mucho por hacer, pero la voluntad de algunas instituciones hace la diferencia. Al menos para los que logran ser cobijados bajo sus alas. Es el caso de la Fundación Hondureña para el Niño con Cáncer, que me permitió visitar el hospital-escuela en Tegucigalpa. Vi con mis propios ojos el oasis que han creado y mantienen con pasión, entrega y amor, para dar atención a niños y familias. Allí, una vez más, sentí cuánto podemos hacer como individuos, si de verdad escuchamos nuestro llamado de servicio y el poder de dar y compartir con los demás.

Cada sociedad se refleja en un espejo de valores que, a veces, las cifras no pueden representar cabalmente. Al final son esos valores los que determinan la calidad de las cifras del progreso.

Fui a Tegu con la misión de conocer posibles invitados e historias para el programa, pero he despegado de Honduras con mucho más que eso: con una carpeta mental llena de recuerdos, afectos y esperanzas sembradas en el progreso, el cambio, el crecimiento y el afán de cultivar el liderazgo, para ayudar a su gente a alzarse hacia las alturas. La conferencia "El poder de escuchar" fue un buen termómetro de la sed y el interés de muchos hondureños por escuchar en su camino a la excelencia.

Atrás quedó la crisis política de 2009. Una vez más apuestan por la democracia y entregaron su confianza al gobierno de Juan Orlando Hernández, para guiarles en la construcción de un país más justo, competitivo y pluralista. El reto por delante es grande, pero el empeño existe, según pude observar en mi breve conversación con la primera dama, Ana Hernández, que regresaba de un viaje por el interior del país. Ella admite las verdades, pero también señala las malas interpretaciones sobre la realidad local.

Cuando se pone la lupa sobre cualquier sociedad, desde las alturas, se ven sus luces y sus sombras; pero mi postal de Honduras, la que me llevo en el corazón, es de esperanza, energía de transformación, sonrisas y crecimiento. Honduras celebraba su participación en el Mundial de Fútbol 2014, y yo me iba del país celebrando su esencia. Cada comunidad es moldeada por el carácter, la integridad, el estado de ánimo y el propósito de su gente. Por un minúsculo grupo que hace el mal, no podemos castigar a millones de seres de luz que persiguen el bien.

El hondureño hecho nación es hospitalario, generoso, sencillo, humilde, capaz de abrazar al visitante con la mejor de sus sonrisas. El hondureño hecho nación entiende y respeta la democracia que el país atesora. Mi compromiso con Honduras solo comienza. Quedo ya movilizado para hacer de Roatán la sede maravillosa de un encuentro inspiracional de liderazgo y éxito.

Si no has escuchado hablar de Roatán, ponla en el mapa, porque sin dudas es una isla mágica, llena de encantos, cultura mestiza entre garífunas e isleños, condimentados con hondureños de tierra firme que se asentaron allí y con extranjeros de todas partes. Hasta poesía me nace al hablar de ella. Es sin dudas un paraíso de la naturaleza, un destino codiciado para el buceo, por su maravilloso arrecife coralino y donde, además, sus playas y montañas nos invitan a reencontrar en nosotros la serenidad, el equilibrio y la fuente de la felicidad. Recibo con mucho orgullo la llave de la ciudad de Roatán. Agradezco humildemente al alcalde, Dorn Ebanks, y a su equipo, quienes trabajan para certificar a la isla como territorio libre de crimen y quieren seguir posicionándola como un destino único en el mundo.

De Honduras me traigo el contagioso empuje de su juventud, el potencial de sus generaciones de relevo. Mis jóvenes anfitriones, Carlos Andrés Joya y Fernando Andara, junto a la talentosa emprendedora nicaragüense Lilia Piccinini, son un equipo de vanguardia y visión. Apuestan por empoderar a un país, a una sociedad con potencial para liderar su ruta hacia las alturas.

Apuestan por crear espacios para escuchar, crecer y elevar el nivel y la expectativa personal y de la sociedad.

Gracias, Honduras, por escucharme, por hacerme sentir en casa, por no dejarse contaminar con el miedo a ser, y por crecer, a pesar de los grandes retos que como país enfrenta. "Hoy sí papa". Que no solo sea un grito del Mundial de Fútbol, sino un llamado hacia el propósito de esperanza que alienta a los hondureños a conquistar el futuro. Hasta muy pronto, Honduras. ¡Dios es Amor!

Cada comunidad es moldeada por
el carácter, la integridad, el estado de ánimo
y el propósito de su gente.

Tu capacidad de amar

"Dentro de veinte años estarás
más decepcionado por lo que
no hiciste que por lo que hiciste".
Mark Twain

E n los aviones encuentro inspiración, tiempo y silencio para pensar
y escribir. Únase a esto las memorias que se agolpan después de
terminar un viaje lleno de emociones. Esta vez voy dejando atrás,
por tercera ocasión, Managua, la capital de Nicaragua.
El sentimiento de esta oportunidad es incomparable a los anteriores.
Fui testigo de un acto de amor y solidaridad que desde hace 14 años
une a toda esa nación y pone en acción a sus agentes sociales,
empresariales, gubernamentales, y a la sociedad civil en general,
a través de Fundación Teletón, del Instituto Médico Pedagógico
Los Pipitos y de los centros regionales de rehabilitación y educación
temprana. Son los niños y jóvenes discapacitados los que se
benefician con las obras y servicios que han sido implementados
para fomentar la inclusión, la esperanza y una mejor vida para
quienes viven con necesidades especiales.
Me voy de Nicaragua no solo con las maravillosas cifras de la Teletón,
que ha superado más de 24 millones de córdobas recaudados,
rebasando la meta prevista. Me llevo la energía, la devoción y
entrega de los cientos de voluntarios que colaboran para que este

empeño nacional sea del monumental impacto que posee. Me voy de Nicaragua con la vacuna contra la desesperanza, esa que nadie te puede inyectar en sangre, sino en el alma. Aquí, más allá de lo que conocí sobre el trabajo de la Fundación Teletón, los ojos y el corazón se llenaron de amor cuando estuve por varias horas con dos de las niñas a quienes esta maravillosa obra beneficia.

Dos ángeles llamados Valentina y Leidy. Valentina me esperaba en el aeropuerto con un ramo de flores, el cual ayudaba a sostener su madre Roxana. Era como un remolino de alegría revoloteando a mi alrededor. Vive con artrogriposis, una malformación congénita en sus brazos que impide el crecimiento de sus miembros y la deja sin fuerza en sus manos. Gracias a la detección temprana y tratamiento de su deficiencia motora, Valentina ha mostrado un gran progreso en su rehabilitación, y su energía es contagiosa. La imagen de Roxana, su mamá, nunca se me borrará. Una de esas heroínas anónimas de un barrio de escasos recursos y madre soltera. Un ejemplo de amor incondicional, como el de muchas madres guerreras.

A Leidy, nuestro otro angelito, la conocí por la tarde en el hotel. Tiene once años, se mueve en silla de ruedas. Una parálisis cerebral le afecta físicamente todo su cuerpo. Vive con su humilde familia en Ocotal, una ciudad cercana a la frontera con Honduras. No camina, no puede hablar, pero sí logra conectar emocionalmente con una capacidad increíble. Sabe muy bien lo que ocurre a su alrededor. Va a la escuela y tiene muchos amiguitos.

El tema de la familia de Leidy me hizo pensar en todos los que tenemos o hemos tenido en casa a una persona con discapacidad. Mi padre, sin su brazo izquierdo, por ejemplo. Quien vive de cerca el tema, sabe que más allá de cualquier tratamiento, el amor es la mejor de las medicinas.

La Teletón escucha a los que muchas veces no tienen voz ni recursos para aspirar a una vida digna. Valentina y Leidy son solo dos de los más de 763.896 niños que fueron atendidos en 2013 con algún tipo de discapacidad. ¡Qué maravilla!

Estos fueron los dos ejemplos y las dos historias que me correspondieron compartir con la audiencia en televisión nacional. Más allá de esos minutos y esas horas, a Valentina y a Leidy me las llevo para siempre en el corazón, y también a su familia. "Solo el amor engendra la maravilla", tal como dice la canción de Silvio Rodríguez, ideologías aparte. Una genial frase para ilustrar esta reflexión.

Gracias, Nicaragua, por mostrarme tu lado más humano. Gracias por dejarme ser parte de tu capacidad de amar. Bendiciones a todos los que entienden que somos seres de luz cuando compartimos luz, y somos seres de amor, cuando compartimos amor.

Para colaborar con la niñez nicaragüense, no hacen falta millones porque, como me dijo Roxana, "todo granito de arena, por pequeño que sea, cuenta". Ahora es tu turno de ayudar: www.teleton.org.ni. Dios es amor, hágase el milagro. ¡Bravo Nicaragua!

Me voy de Nicaragua con la vacuna contra la desesperanza, esa que nadie te puede inyectar en sangre, sino en el alma.

Liderazgo
PARTE 5

¿Eres líder?

"Comienza haciendo lo necesario,
luego haz lo posible y terminarás
haciendo lo imposible".
San Francisco de Asís

No hay nada malo en pretender ser líderes. El concepto no debe relacionarse necesariamente con la ambición y el dominio. Habiendo nacido en Cuba, esto me resultaba complicado, pues en mi juventud solo relacioné el liderazgo con la política. Pero, por suerte, estaba equivocado. Crecí pensando que líder era quien aceptaba un cargo público. De ahí que luego me costara trabajo reconciliarme con el término. Cuando dejé marchar los preconceptos y los desligué de la política, entendí que he sido líder en muchas etapas, sin proponérmelo. Solo por intentar hacer siempre lo mejor y ser consecuente con mis propósitos, tratando de interpretar el sentir de otros.

Los líderes auténticos son simplemente personas que no siguen a la manada, con el perdón del que pueda sentirse ofendido. En cualquier caso, son ellos los líderes de la manada, con poder para transformar los destinos de un grupo o comunidad.

Todos tenemos talento para el liderazgo, da igual el ámbito de nuestras vidas. El liderazgo no se hereda, todos podemos desarrollarlo, allí donde estemos. Antes, el poder de influir estaba limitado a las posiciones tradicionales: el patriarca y la matriarca, en las familias; el sacerdote y el pastor, ante sus feligreses; el maestro frente a sus alumnos; el empresario con sus empleados y, por supuesto, los políticos con las masas.

Sin embargo, el concepto tradicional de liderazgo ha sufrido importantes transformaciones por la democratización de la información. Por ejemplo, las redes sociales permiten expresar fácilmente nuestras ideas, promoverlas y casi ser líderes globales desde un teléfono móvil; aunque sin perder de vista que no seremos más líderes por acumular millones de seguidores en Twitter. El asunto trasciende los números. Si nos miramos por dentro y desarrollamos una vida espiritual, si apelamos a la sabiduría universal, nos convertiremos en líderes sin necesidad de reclutar a nadie. La gente irá sumándose a nuestra guía.

Leyendo a Deepak Chopra comprendí que convertirse en líder no es imponerse ante el grupo, sino ser su voz, su alma. Este es un proceso que ocurre de manera espontánea, mientras damos dirección y propósito a la vida.

En mi caso, entrevistar a gente exitosa me ha permitido aprender mucho, a esto debo parte de lo que hoy soy. Cada conversación tiene un beneficio muy alto: escucho, aprendo, valoro lo que confiesan. He entrevistado a líderes de muchos universos. Por ejemplo, Roberto Kriete, CEO de la aerolínea TACA, continuador del legado de su abuelo en El Salvador, es un verdadero visionario. ¿El secreto? Ha escuchado su llamado en la vida, sabe oír a quienes lo rodean y lidera un proyecto con respeto ganado. También conversé con Michelle Bachelet, la presidente chilena, quien satisfizo sin vacilación su propósito de servicio público, escuchó las peticiones de los ciudadanos y gobernó su país de forma conciliadora. Ahora fue electa nuevamente. En su entrevista en "Cala", por CNN en Español, Bachelet demostró que disfruta sirviendo a los demás y recibe mucho por lo que ofrece.

Un líder verdadero no puede soslayar el poder de escuchar. Una de sus capacidades más grandes sería escuchar a la gente, a los asesores, a los detractores, a los aduladores y a los críticos. Es difícil desarrollar el proceso de escucha sin prejuicios. Debemos conseguir el estado más limpio posible para colocarnos en el lugar del otro. No es sencillo, porque los seres humanos estamos programados, desde la infancia, para juzgar, temer y desconfiar.

La realidad es que podemos trabajar las capacidades de liderazgo negadas en cualquier otro momento. Un líder verdadero acepta a los demás sin resultados anticipados. Cuando amamos sin condiciones, lo hacemos desde el corazón, con inteligencia emocional, para conectarnos con la sabiduría universal. Así anulamos cualquier posibilidad de duda limitante y desterramos el miedo. Ese es el amor de un líder.

Comprendí que convertirse en líder no es imponerse ante el grupo, sino ser su voz, su alma.

Insignificantes, ¡nunca!

"Donde haya un árbol que plantar, plántalo tú.
Donde haya un error que enmendar, enmiéndalo tú.
Donde haya un esfuerzo que todos esquivan, hazlo tú.
Sé tú el que aparta la piedra del camino".
Gabriela Mistral

Somos más felices en la medida que mejor cumplimos la misión que Dios nos ha asignado para la vida. Él nos otorgó el privilegio de ser seres inteligentes y, a la vez, de nacer provistos de todas las cualidades físicas necesarias para sacarle provecho a esa inteligencia. ¡No hacerlo es dejar a la vida huérfana de sentido!

El cumplir o no con nuestros propósitos depende de la voluntad y del ardor que le imprimamos al esfuerzo personal, sin importar a qué nos dedicamos. Tampoco es relevante si este esfuerzo tributa más o menos popularidad o nivel económico. El éxito no tiene que significar siempre riquezas materiales y fama.

Por numerosas razones, tanto sociales, familiares, personales y hasta de salud, la mayoría de los seres humanos toman en un momento de la vida el camino que regirá su existencia de ahí en adelante. Cualquiera que sea ese camino, siempre puede conducir al éxito. Todo depende de la energía y la perseverancia con que estemos dispuestos a transitarlo.

Tanto disfruta un escritor la publicación de su primer libro, como un campesino cuando saborea el fruto de su primera cosecha.

Por eso digo que no importa a qué nos dediquemos, lo que es imprescindible es dotar a lo que hacemos del amor, de la inteligencia y de toda la fuerza física de que dispongamos, y que nunca dejemos de luchar por el mejoramiento humano.

Si actuamos así cumplimos el compromiso con la vida y con Dios; disfrutamos del dulce aroma que emana de los logros del esfuerzo propio, y además, en cualquier momento estaremos en condiciones de tocar en las mismísimas puertas de la felicidad.

Admiro a Charles Chaplin por el amor que le imprimió a cada empeño y por lo claro que siempre tuvo sus objetivos. En uno de sus arranques de genialidad, nos dejó bien definido que la vida es algo muy grande para ir por ella como un insignificante.

Dios nos ha bendecido con el pensamiento, con la posibilidad de soñar y con la fortaleza necesaria para poder hacer realidad esos sueños. Nos ha otorgado las herramientas necesarias para no ser insignificantes. ¡Todo depende de nosotros mismos!

La vida es algo muy grande para ir por ella como un insignificante.

No al fracaso:
somos hijos del éxito

"La diferencia entre la gente mediocre
y la gente de éxito es su percepción
de y su reacción al fracaso".
John Maxwell

Detenerse en el camino hacia la realización de un sueño por temor a fracasar es el más común de los autosabotajes. Detenerse es la manera más rápida de conquistar el fracaso. Hay momentos de la vida en que podemos caer víctimas de la desilusión. Es posible que algún que otro esfuerzo no logre los resultados deseados. Eso es normal. Momentos así, en vez de hacernos pensar que hemos fracasado, deben servir para recordarnos que somos seres humanos imperfectos.

Luchar significa no detenerse nunca por una desilusión pasajera, no darle cabida al temor de fracasar, sobre todo cuando de alcanzar un sueño se trata. Es imposible que todas nuestras decisiones sean correctas, pero la más incorrecta es dejar de tomar decisiones, porque nos paralizamos. La consecuencia letal es abandonar la lucha por lo más hermoso: nuestros sueños.

Muchos padecen los síntomas del fracaso porque viven convencidos de que el éxito es fácil. Piensan que sonríe pronto y entonces la desilusión llega temprano. Según Amado Nervo, "la mayor parte de los fracasos nos vienen por querer adelantar la hora del éxito".

Tratar de hacer realidad nuestros sueños antes de tiempo es un imposible. Hay que tenerlo bien claro para evitar frustraciones prematuras y no perder el entusiasmo. Los resultados de nuestro esfuerzo llegan en su momento. Depende de cuánto estemos preparados para aprovechar, de la manera apropiada, las oportunidades que nos da la vida. Este es un proceso que no podemos violentar.

En la escalada hacia el éxito muchos pasos pueden parecer infranqueables. Eso es cierto. Es posible que hasta nos veamos en la necesidad de descender uno, dos, varios de ellos, antes de continuar el ascenso; pero lo que no podemos hacer es quedarnos estáticos contemplando la escalera, por miedo a no llegar a la cima.

Si dejamos de hacer por temor a fracasar, nunca sabremos hasta dónde llega nuestro talento. ¡Eso sí es un rotundo fracaso!

En una ocasión alguien intentó convencer a Benjamin Franklin, uno de los padres de la nación estadounidense, de que había fracasado en un proyecto. Franklin le respondió: "No he fracasado, solo he encontrado diez mil soluciones que no funcionan".

Muchos padecen los síntomas del fracaso porque viven convencidos de que el éxito es fácil.

Enfrentar y vencer el miedo

"El noventa por ciento de los que fracasan
no están realmente derrotados.
Sencillamente se dan por vencidos".
Paul Meyer

E l miedo, cuando no somos capaces de controlarlo, erige
obstáculos imaginarios y nos induce a escuchar ruidos en medio
del más absoluto silencio, hace lento nuestro andar por la vida.
¡Nadie alcanza el éxito de la mano del miedo!

No quiero decir que tenemos que vivir sin temor, eso es imposible; es
una emoción inseparable del ser humano, que muchas veces surge
como un mecanismo de defensa natural, sobre todo cuando, con
o sin razón, creemos poner en riesgo nuestra integridad. Lo que es
realmente dañino es no vencerlo, porque deviene en terror y este sí
nos inmoviliza por completo.

Todo cambia constantemente en medio de tantos adelantos científicos
y técnicos. Lo que es nuevo hoy, puede ser ya obsoleto en unos
pocos días. Esa perenne renovación nos obliga a cambiar, le otorga
a la vida la facultad de poner a prueba nuestra disposición a
enfrentar su evolución.

Fiódor Dostoyesvki, el escritor ruso, expresó en una de sus obras que
"dar un nuevo paso es lo que la gente teme más". Si no queremos
resignarnos a vivir en el pasado estamos obligados, precisamente,

EsCala a otro nivel

a dar un nuevo paso siempre que sea necesario cuando la vida nos lo indique. Para lograrlo, tenemos que vencer el miedo. No se vence en un abrir y cerrar de ojos, no es tan fácil. Vencer los temores requiere de preparación, de un apasionamiento total por lo que hacemos y de la confianza en que podemos lograrlo; ya sea para lanzarnos en un paracaídas, emprender un nuevo proyecto o tomar una decisión personal importante.

Mi amigo Eli Bravo, columnista invitado de Ismaelcala.com, en su columna "Vivir en riesgo", señala muy acertadamente que si nos domina el miedo a los aviones, dejaremos de conocer lugares maravillosos. ¡Así es! Si tenemos posibilidades, "podríamos armarnos de valor, sentir el riesgo y apretar los apoyabrazos hasta que las ruedas toquen la pista", sigue diciendo Eli Bravo. Si tenemos posibilidades y nos conformamos con las fotos de tantos lugares hermosos por miedo a volar, el avión se nos convierte en uno de esos obstáculos imaginarios de los que hablé al principio, en uno de esos ruidos irreales en medio del más absoluto silencio.

¡Enfrentarlo es la mejor manera de combatir y vencer el miedo! Encarar los retos de la vida con prudencia, decisión y confianza en nosotros mismos, desecha temores y nos eleva hasta la cumbre.

Vencer los temores requiere de preparación, de un apasionamiento total por lo que hacemos y de la confianza en que podemos lograrlo.

Un río con brillo de fuego

"Se sabe positivamente que
se logran más y mejores resultados
trabajando con otros que contra otros".
Allan Fromme

E sta es una historia de hace muchísimos años, en China. Un gobernador le pregunta a un sabio por qué su población no lo acepta.

–No me quieren –le dice. El sabio lo lleva hasta la orilla de un río y lo obliga a mirar la corriente durante horas. Después lo sienta al borde de una intensa fogata, pero el gobernador apenas resiste unos minutos, se levanta.

–¡El calor es insoportable! –comenta.

–Ahora que has visto el fuego –le dice el sabio– ya sabes cómo no debes liderar. El fuego es imponente, la gente lo observa con miedo, produce mucho calor, quema, en minutos lo consume todo, se destruye a sí mismo y de su obra solo quedan cenizas; sin embargo, el río es silencioso, humilde, avanza en un solo sentido, decidido a fundirse con el mar; se adapta a las curvas del camino y produce bienestar por donde cruza. ¡Gobierna como el río, notarás la diferencia!

La realidad ha cambiado mucho, pues la historia anónima tiene más de 2.000 años de antigüedad; pero las particularidades de un buen líder se mantienen intactas. Hoy día se sigue valorando, quizá como nunca antes, su importancia básica a la hora de emprender un proyecto económico, político o social. Discrepo con la anécdota en el hecho de que un buen líder también ha de tener fuego, sobre todo de su brillantez. El líder, como el fuego, ha de brillar con luz propia. ¡Un río, pero con brillo de fuego!

Un ser humano opaco o decidido a hacer brillar la luz de otro quizá pueda ser jefe de una gran empresa y hasta gobernar una nación (o tratar de hacerlo), pero nunca tendrá el talante de un guía eficaz, capaz de hacer avanzar un proyecto.

El liderazgo se ejercita de forma natural, nunca se impone. Para ello se requiere de carisma. Es imprescindible que la autoridad la interprete como una herramienta al servicio de sus ideas, es cierto, pero también al servicio de los demás, tengan el pensamiento que tengan. El verdadero líder se rodea de personas capacitadas porque, ante todo, respeta y aprovecha el talento ajeno en función de sus aspiraciones. Nunca divide, siempre une. Tiene que saber y estar dispuesto a escuchar, a dialogar. Cuando se cierran oídos y entendederas, se cava la tumba del líder y, a veces, de no se sabe dónde, emerge el jefe, encabezando su subordinada cadena de mando. Puede ser eficiente y cumplir su cometido, no digo que no, pero nunca será tan respetado y querido, ni tan eficaz como un verdadero líder.

La capacidad de liderazgo se forja poco a poco. Puede que quien la posea, en un principio, ni se percate de ello y necesite de alguien que le diga: "Tú puedes". No se designa a dedo. Para ser líder no se necesitan documentos probatorios; su actitud dice más que cualquier nombramiento.

Un buen líder es susceptible al cambio, elige sueños grandes que prueben su talento y el talento de todos aquellos que forman parte de su empeño. Vive consciente de que, como dijera el gran Aristóteles, "es más valiente el que conquista sus deseos que el que conquista a sus enemigos". ¡Un buen líder, no lo duda!

El líder, como el fuego, ha de brillar con luz propia.

Perseverar es triunfar

*"Las grandes obras son hechas no con
la fuerza, sino con la perseverancia".*
Samuel Johnson

L a perseverancia es uno de los dones que más ennoblece al ser
humano. Es una muestra de amor sin límite por lo que nos
proponemos, es el afán de luchar por mantener el camino hacia
la realización de un sueño, sin importar las adversidades. ¡Si se
persevera, se llega, se triunfa!

Una persona perseverante es aquella que si en algún momento cae, tiene
la firmeza suficiente para levantarse, no se amilana y siempre mira
hacia adelante. Tiene claro que su objetivo está en el futuro y que,
para llegar, debe enfrentar los retos del presente. Confía en lo que
hace, en su lucha. Nunca se entrega a la llamada "buena suerte".

Recuerdo los versos de Pablo Neruda: "Despiértate, lucha, camina.
Decídete y triunfarás en la vida. Nunca pienses en la suerte, porque
la suerte es el pretexto de los fracasados".

Es común que el fracaso venga acompañado de la falta de perseverancia.
Quien se decide a luchar y a triunfar en la vida ha de tener la
voluntad de soportar el peso de las obligaciones que conlleva
esa decisión. Más que ser fuerte, según el taoísmo, hay que ser
poderoso. ¡Para perseverar hay que ser poderoso!

Perseverar es asumir los retos de la vida convencidos de que somos capaces no solo de enfrentarlos, sino también de vencerlos, sin importar los contratiempos que puedan presentarse ni, incluso, la edad. Muchos asumen que con cierta edad no es loable perseverar, pues el tiempo puede no alcanzar. Me pregunto: ¿y si alcanza? ¿Si nos damos cuenta en algún momento de que sí hubiéramos podido llegar? ¡Cuánta desilusión!

"Nunca es tarde si la dicha es buena" es una frase con miles de años, atribuida a un filósofo griego llamado Cleantes de Asos, quien se hizo filósofo con más de cincuenta años en aquella época, gracias, según sus propias palabras, a la perseverancia. ¡La dicha es buena si perseveramos!

Si Cleantes de Asos se hubiera puesto a pensar que podía morirse en cualquier momento, nunca hubiera estudiado filosofía. Si hubiera cargado su mente con una sobredosis negativa, no hubiera hecho nada, se hubiese frustrado y aburrido en demasía, pues llegó a vivir 99 años. La vida lo premió.

Puede sucedernos que cuando estemos convencidos de que casi llegamos al final del camino y que el éxito pronto sonreirá, nos demos cuenta de que aún falta un tramo más largo que el andado. Ese momento solo se supera con perseverancia, con la firme convicción de que la manera más segura de no llegar al final del camino es dejando de andar.

Sir Winston Churchill repitió tres veces el octavo grado. ¡Tres veces! ¿Se imaginan cuánto tuvo que perseverar para llegar hasta donde lo hizo? Aunque no lo crean, le costaba mucho trabajo aprender. En determinado momento de su vida, la Universidad de Oxford le pidió pronunciar un discurso en una fiesta de graduados. Churchill llegó con sus acompañantes habituales: un bastón y un sombrero de copa. Mientras se aproximaba al podio, el público le brindó aplausos de aprecio. Él, con pausado ademán, calmó a la multitud. Cuentan que se paró firmemente delante del público, colocó el sombrero sobre el atril, y mirando a la audiencia gritó con voz vibrante: "¡Nunca se rindan!". Transcurrieron algunos segundos en medio del más absoluto silencio, se alzó en puntas de pie y gritó nuevamente: "¡Nunca se rindan!".

Sus palabras tronaron a través del auditorio. Continuó el silencio,
Churchill alargó uno de sus brazos en busca del sombrero y,
apoyándose en el bastón, abandonó la tribuna. Su discurso de solo
seis palabras había terminado. Unos segundos después tronó la
ovación más grande que se recuerde en ese prestigioso centro de
estudios.

Nunca se rindan no es más que... ¡siempre perseveren!

¡Si se persevera, se llega, se triunfa!

Talento y genialidad

*"El talento es más barato que la sal.
Lo que separa a los individuos
talentosos de los exitosos
es el esfuerzo completo".*
Stephen King

Desde el propio día de nuestro nacimiento venimos dotados de infinidad de capacidades. La mayoría, básicas e indispensables para comenzar este maravilloso recorrido llamado vida. Comenzamos este transitar repletos de bendiciones.

Somos aptos para subsistir, con el recurso de respirar, ver, caminar, sentir y palpar. La inteligencia y capacidad de amar también vienen incluidas en el recipiente: a medida que vamos creciendo terminan formando parte de las herramientas elementales.

Pero, así como el mundo evoluciona, nosotros, que somos parte de él, también debemos hacerlo. Y entonces se pone de manifiesto la gran diferencia entre capacidad y talento. Desde el principio somos aptos para los roles de supervivencia, pero debemos descubrir para qué somos mejores. Aunque no es fácil, la armonía y entrega será total si hallamos un talento específico.

Talento es lo que nos hace resaltar, dentro de una gran mayoría "apta" para cualquier cosa. El talento es único, como la huella digital: diferencia a una persona de la otra. Y por muy pequeño que te parezca, no lo subestimes, ni tampoco le restes mérito. Porque el valor está en tu esencia, y eso sí que es grande.

El camino hacia su descubrimiento suele ser largo y lleno de dificultades, pero ninguna barrera debe impedir su desarrollo. El punto de referencia para saber que lo conseguiste es cuando la mente, las ganas y la actividad se compenetran en armonía; cuando no representa una pesadez o inconformismo, sino todo lo contrario: un disfrute pleno.

Quizás, en algún momento, la frustración se ha apoderado de ti. Eso puede suceder si estás en un lugar donde predomina la capacidad de supervivencia, en vez del talento. Lo sé, porque me ha pasado. Por eso te invito a que, paralelamente a las actividades elementales, cultives como hobby lo que podría ser tu talento. Más temprano que tarde destacarás, serás descubierto y recompensado.

Sin conformarnos, la siguiente evolución a experimentar es hacia la genialidad. La palabra "genio" no es inalcanzable, ni tampoco está hecha únicamente para los dibujos animados. Genio es el que crea nuevas formas no emprendidas por otros, o desarrolla, de un modo enteramente personal, actividades ya conocidas. En pocas palabras, ser genial es demostrar sin miedos que puedes romper el molde y que tu descubrimiento o aporte de vida impactará por siempre a los demás.

Así que ¡adelante! Dios te ha hecho un ser bendecido, talentoso y genial. ¡Descúbrelo!

El talento es único, como la huella digital: diferencia a una persona de la otra.

Confía en ti

*"La confianza en sí mismo
es el primer secreto del éxito".*
Ralph Waldo Emerson

Cuenta Charles Chaplin que siendo apenas un adolescente, aun cuando estaba en el orfanato y recorría las calles buscando qué comer para vivir, ya se consideraba el actor más grande del mundo. Su historia nos deja una sentencia irrefutable: "Sin la absoluta confianza en sí mismo, el ser humano está destinado al fracaso".

Dios quiere que tengamos planes grandes, retos de excelencia; Dios quiere que confíes en ti.

Chaplin confió absolutamente en sí mismo, incluso en los momentos más difíciles de su vida. Por eso disfrutó el éxito.

Quienes poseen la virtud de la autoconfianza se distinguen por su optimismo y por la pasión a la hora de emprender un empeño. No temen cometer errores porque obran con la certeza de poder rectificarlos a tiempo.

La mayoría de nosotros, como dice Rick Warren en su libro *Liderazgo con propósito*, "nos fijamos unas metas demasiado bajas y tratamos de llegar a ellas con demasiada rapidez. Dios nos pide que soñemos en grande y vayamos despacio".

Quien confía en sí mismo vive con la convicción de que todos los esfuerzos en pos de un sueño son posibles y valen la pena. Son personas que se caracterizan por su fuerte autoestima y, por lo tanto, consiguen con relativa facilidad la confianza de sus semejantes. ¡Como el amor engendra amor, la confianza engendra confianza!

Vivimos en un mundo que cambia constantemente y nosotros cambiamos con él. Muchas veces tenemos que enfrentar cambios que nos obligan a desprendernos de patrones que han marcado nuestra existencia: patrones familiares, sociales, geográficos y hasta filosóficos. Solo crecemos aceptando el cambio.

A la hora de enfrentar esos cambios, imprescindibles para nuestro mejoramiento como seres humanos, tenemos que echar garra a cierta dosis de valentía, pero sucede que la valentía no encuentra terreno de cultivo dentro de un ser vacilante, irresoluto; todo lo contrario. El valor es sobreponerse al temor, no su ausencia, como muchos piensan. Los líderes también temen, pero vencen los temores y actúan ante ellos, no se inmovilizan por el miedo.

Cuando analizamos a una persona con sueños sin calar, llegamos a la conclusión de que está dominada por una aprensión ancestral a enfrentar la vida. Está corroída por la peor de las dudas, la que inmoviliza y enmudece. Los sueños entonces devienen espejismos, se tornan confusos, y la oportunidad de alcanzar la verdadera felicidad se desvanece, porque el éxito comienza a divisarse como parte de otra galaxia.

Confiar en uno mismo no quiere decir que alguna vez no dudemos, sino que estamos dispuestos a despejar todas las dudas que aparezcan en el camino; significa estar preparados para aprender de ellas y que nunca nos dejaremos arrastrar por sus malas influencias.

Una persona con seguridad en sí misma y en su visión, no titubea a la hora de tomar una decisión. Es responsable de sus acciones, enfrenta los obstáculos con coraje y mantiene su alma en paz porque obra siempre con la mejor voluntad y talento. No necesita de artimañas para llegar a la cúspide. Su faena, aunque asume un interés individual, traspasa sus límites e influye de manera positiva en sus semejantes.

Todos somos líderes porque liderazgo es influencia. Quien confía en sí lleva consigo los rasgos de un verdadero líder, tiene la etiqueta de vencedor, está listo para las mayores conquistas. ¡Siempre confía en ti!

Quien confía en sí lleva consigo los rasgos de un verdadero líder, tiene la etiqueta de vencedor, está listo para las mayores conquistas.

EsCala a otro nivel

Sueños e ilusiones

"Acaricie sus visiones y sus sueños.
Son los hijos de su alma,
los planos de sus logros finales".
Napoleón Hill

P ara algunos, las ilusiones siempre son falaces espejismos, como las aguas de los manantiales que engañan al sediento durante su andar por el desierto, o los cantos de sirena que tientan al astuto Ulises en *La Odisea*, una de las obras maestras de Homero. "Quien vive de ilusiones, muere de desengaño", se les oye decir, aunque no necesariamente con mala fe. Es una sentencia recurrente, con sabor a frustración, que intenta ubicarnos en medio de una realidad solo válida para las ciencias exactas, sin tener en cuenta que muchas veces –cito a Ernesto Sábato–"en la vida, la ilusión, la imaginación, el deseo y la esperanza cuentan más".
No pretendo despojar de su valor a las ciencias exactas, no estaría actuando dentro de mis cabales, pero vivo convencido de que sus virtuosos maestros alguna vez fueron blanco de la ilusión y soñaron con ser grandes matemáticos o físicos. Lo lograron porque lucharon y, a golpe de perseverancia y genialidad, hicieron realidad sus anhelos. Sus ilusiones nunca desembocaron en el mar del desengaño.
El caminante del desierto es víctima de una ilusión óptica con apariencia de realidad. Yo hablo de todo lo contrario, de la realidad que le abre

paso a la ilusión, a las esperanzas positivas y sueños realizables. Hablo de las ilusiones del corazón.

Pero las ilusiones del corazón también pueden ser frustrantes cuando no se convierten en anhelos, cuando se ponen a merced de la suerte o el destino, se desconfía del trabajo y de la inteligencia del ser humano, o se le teme a los retos de la vida. Sin embargo, cuando una ilusión se convierte en un sueño y le dedicamos tiempo y esfuerzo, no tiene por qué terminar en desencanto, todo lo contrario.

Podemos forjarnos la ilusión de conocer China alguna vez en la vida. No faltarán quienes nos apoyen y estimulen. Tampoco los otros, a los que llamo "matadores de ilusiones". Ellos apelan a juicios realistas, pero permeados de negativismo. Se empeñarán en demostrarte lo lejos que está esa nación asiática, el excesivo precio de los pasajes, lo tedioso del largo vuelo, lo dura que está la vida y otra sarta de argumentos, todos reales, con el propósito de evitarte, según sus puntos de vista, un desengaño.

No afirmo que el solo hecho de ilusionarse con conocer China ya asegure la visita. No es así. Ahora bien, si somos de los que se ilusionan, sueñan y luchan, y de los que no le temen a los retos de la vida, tendremos muchas más posibilidades de visitar ese país.

¡Hay que ilusionarse, imaginarse y motivarse con algo, para después hacerlo! Si fracasamos, la inevitable desilusión se verá compensada por la satisfacción del esfuerzo realizado, convencidos de que hicimos todo lo que estuvo a nuestro alcance. La tranquilidad espiritual, a pesar de la momentánea frustración, se encargará de alentar nuevas ilusiones.

Cuando se agotan las ilusiones, más que vivir, sobrevivimos, y la existencia se torna tan difícil como, según Juan Ramón Jiménez, "tratar de componer una rosa deshojada".

¡Hay que ilusionarse, imaginarse y motivarse con algo, para después hacerlo!

Empleo: ¿permanecer o cambiar?

"A menos que hagas algo
más allá de lo que dominas
completamente, nunca crecerás".
Ronald Osborne

En mi larga carrera profesional, que empecé a los ocho años, he enfrentado diversos tropiezos y vacilaciones, como cualquier ser humano. Pero cada uno de mis problemas siempre encontraba respuesta en la movilidad laboral.

El cambio incesante, algunas veces injustificado, suele atribuirse a la edad. Los jóvenes se aburren fácilmente, o no reciben suficientes estímulos como para echar raíces en un puesto. En mi caso, sucedían ambas cosas. El aburrimiento y la comodidad me aniquilaban.

Siempre estuve atento a la ilusión creada por el trabajo. Y, sin poner las piezas sobre la balanza, mi cuerpo y mi mente volaban. Desde la infancia, y hasta finalizar la Universidad, trabajé sin honorarios, a pesar de noches enteras dedicadas a la radio. Para mí era un placer. Creía no necesitar el dinero e incluso habría pagado por aquella oportunidad. Pero, aparte del público, que se manifestaba de forma inmejorable, no contaba con demasiados estímulos.

Quizás esto me provocaba "el cambio por el cambio".

Según el experto Roberto Esparza, autor del libro *Empleología*, existen dos tipos de "job jumpers": los positivos y los negativos. Los primeros, dice, no son irresponsables pues buscan un beneficio, un mejoramiento profesional o económico. Los segundos, en su opinión, no pueden apreciar el resultado de sus decisiones, provocan inestabilidad en las áreas laborales y son siempre malos candidatos.

Creo que empecé siendo un "job jumper" negativo, pero una visión más pragmática me llevó rápidamente al otro lado.

Para la investigadora Carla Acuña, que habló sobre el tema en CNN Expansión, cualquier cambio implica un análisis previo para conocer los pros y los contras. Estima que lo más importante es definir por qué y para qué quieres obtener un nuevo empleo.

Personalmente, ahora no necesito "el cambio por el cambio", puedo controlar mis destinos en función de aspectos muy objetivos. Ser presentador de televisión, escritor, columnista y conferencista, cada labor en su justa medida, genera una excelente complementariedad.

Los seres humanos podemos hallar nuestro lugar y la forma de materializar los sueños, aunque esto dependerá de muchos factores. El más importante es la decisión irrevocable de ser uno mismo, de llevar las ideas hasta las últimas consecuencias y de saber cuál es el tiempo de permanecer en un puesto o de marchar en busca de otros aires, con justificaciones razonables. Algo nada fácil, pero tampoco imposible.

Lo más importante es definir por qué y para qué quieres obtener un nuevo empleo.

¿Retar a Dios?

*"Dar gracias a Dios por lo que se tiene,
allí comienza el arte de vivir".*
Doménico Cieri Estrada

La vida es cambio, movimiento, acción pero ¿con cuáles límites? La inconformidad es casi siempre la vía más útil para hacer cambiar las cosas. Inconformidad y necesidad suelen combinarse para provocar el cambio, dejar atrás una situación y crecer como personas. Pero ¿cuánta inconformidad es la óptima?

Mi pregunta no es ingenua, aunque admito que resulta difícil establecer una medida. Siempre he sido inconforme, hiperactivo y autocrítico. Tales actitudes –tengo que reconocerlo– han sido claves en mi carrera profesional. Sin embargo, con el paso de los años, y sin dejar de trabajar por mi crecimiento personal y profesional, he observado que la inconformidad, si viene hueca, no reporta precisamente los mejores beneficios.

No es mi caso, pero a diario percibo cómo esto afecta a muchas personas. Por ello creo necesario advertirlo, también como una manera de tenerlo presente, de no olvidar de dónde venimos ni quiénes somos.

Para armonizar con el entorno y corresponder las bendiciones recibidas, la inconformidad debe acompañarse de humildad, agradecimiento y reciprocidad. Todos los bienes que llegan a nuestra vida, sean espirituales o materiales, deben ser agradecidos: a Dios, al universo, a la energía... a alguien en particular, según las creencias religiosas o filosóficas de cada cual. Ser inconformes, rebeldes, proactivos y luchadores no está reñido con ponderar lo conseguido. Todo lo contrario: es un proceso que humaniza la búsqueda eterna de la felicidad.

Cada día, cuando despierto, pienso en las cosas maravillosas que he logrado en 44 años. Miro hacia atrás, me veo frente a un micrófono, casi niño, y reparo en todo lo alcanzado desde entonces, en las bendiciones recibidas, en el extraordinario esfuerzo para sacar adelante mi carrera. Y entonces, tras agradecer a Dios lo proporcionado, me planteo nuevas metas. Y en dichos sueños también analizo cómo ayudar a los demás. Se trata de crear círculos energéticos favorables, donde no existe contradicción entre regocijo e inconformidad.

Porque estar eternamente insatisfecho, teniendo motivos para celebrar lo alcanzado, aunque sea poco, es como retar a Dios permanentemente.

Inconformidad y necesidad suelen combinarse para provocar el cambio, dejar atrás una situación y crecer como personas.

EsCala a otro nivel

La infelicidad
de los conformes

"La resignación es un suicidio cotidiano".
Honoré de Balzac

C uenta Tolstoi, en una de sus fábulas, que un mendigo pasó
toda su vida pidiendo monedas sentado sobre una jarra llena
de dinero. El infeliz hombre nunca se percataba de que tenía un
tesoro tan cerca, entre otras razones, porque solo anhelaba la dádiva
caritativa de los buenos samaritanos y se conformaba con ellas. Por
supuesto, murió como vivió: en la miseria.

El conformismo es uno de los flagelos que marchitan el florecimiento
del espíritu humano, por cuanto lo desmotiva, lo arrastra a la
complacencia y a la mediocridad, lo despoja de todo afán por
enfrentar los obstáculos de la vida y de luchar por los sueños. ¡El
conformista nunca saborea el éxito!

Resignarnos con lo que tenemos —mucho, poco o nada— es dejar de
vivir para solo sobrevivir, es abandonar nuestras aspiraciones a
merced de los caprichosos vientos de la vida. Y, por supuesto, estar
dispuestos a la triste tarea de presenciar estoicamente cómo otros
hacen realidad aspiraciones que pudieron ser nuestras.

Que nuestro espíritu sienta la necesidad de luchar cada día por más
no es codicia desmedida. Al contrario, es intentar cumplir con

creces nuestros propósitos en la vida, no solo en aras del beneficio personal, sino también de los demás. Cuando triunfamos, muchos triunfan con nosotros; cuando nos conformamos, muchos se laceran por nosotros. Todo lo que hacemos o dejamos de hacer repercute en los demás. Todo lo que hacen o dejan de hacer los demás repercute en nosotros.

Somos más felices en la medida en que menos nos conformamos y menos compartimos el conformismo de otros. El ser humano, cuando piensa en positivo, es feliz, aunque el camino esté lleno de obstáculos reales. Su espíritu se carga de energías positivas, confía en su capacidad. Cada vez que lo logra, ve gratificado su esfuerzo, cumple un sueño, y la única manera de ser verdaderamente felices es haciendo realidad nuestros sueños.

Un ser conformista hipoteca su futuro porque, ante todo, se resiste al cambio, se adapta a su realidad, por muy miserable que sea; se conforma a veces con una dádiva, como el pordiosero de la fábula; lo corroe la peor de las indigencias, como dice un gran amigo mío: la indigencia espiritual.

Admiro mucho al Dalai Lama, pues siempre nos pone a pensar cuando expresa ideas como estas: "Soy afortunado el día de hoy por haberme levantado, estoy vivo, cuento con una preciosa vida humana; no voy a desperdiciarla. Voy a utilizar todas sus energías para desarrollarme... lograr la iluminación".

No hacerlo es resignarnos a que otros luchen y creen por nosotros; es desperdiciar nuestras posibilidades como seres inteligentes; es resignarnos a ser extras en la película inmensa y rica que es la vida; es permanecer sentados eternamente sobre un jarrón lleno de riquezas, como el mendigo señalado por Tolstoi: resignados alabando, quizás, el éxito ajeno.

Somos más felices en la medida en que menos nos conformamos y menos compartimos el conformismo de otros.

EsCala a otro nivel

¿Por qué no ser
un eterno Principito?

*"El que tiene imaginación, con qué
facilidad saca de la nada un mundo".*
Gustavo Adolfo Bécquer

*E*l *Principito*, de Antoine de Saint-Exupéry, siempre es una lectura de extraordinario placer. Digo que "siempre es" porque lo he leído varias veces y estoy casi seguro de que muchos de ustedes también.

Es uno de esos libros imprescindibles por su poder de seducción, tanto para niños, jóvenes o adultos. ¿Por qué esa cualidad de un libro de apenas cien páginas y escrito en menos de una semana por obligaciones económicas del autor?

Por supuesto que sus virtudes estético-narrativas tienen mucho que ver, pero no pretendo adentrarme en el campo de la crítica literaria, y mucho menos con una obra de tales dimensiones.

Lo que me interesa de *El Principito* es la recreación que hace su autor del universo interior del ser humano, del enorme amor que puede albergar en su corazón, del inmenso poder de la amistad y, sobre todo, del poderío infinito de la imaginación que nos regala Dios, a la que, en lo fundamental, solo le damos rienda suelta mientras somos niños.

El ser humano, a medida que crece, pierde capacidad de imaginar, no ve mucho más allá del área visual y auditiva que lo rodea y, como sucede en el libro, no es capaz de sospechar que un dibujo que parece un sombrero no es más que "una enorme boa que se ha tragado a un elefante". La imaginación se esfuma muchas veces cuando somos adultos.

Sin embargo, la imaginación tiene su base en la realidad del mundo que habitamos y su importancia es básica, por cuanto es la vía más directa hacia los sueños. ¡Antes de soñar hay que imaginar!

Sin imaginación estaríamos aún en la etapa primitiva del desarrollo humano. No existirían los adelantos científicos, la pintura, la música; no existiría *El Principito*. Lamentablemente, muchos la subordinan a los dictámenes de la realidad que los rodea.

Para luchar por alcanzar el éxito, primero hay que imaginar ese éxito y después soñarlo. Nuestra misión no es otra que triunfar.

¡Sin imaginación, no hay triunfo! Imagina la felicidad y esta llegará a ti, imagina una sonrisa y seguro que ríes, imagina que eres el dueño de tu vida, y serás, sin dudas, el amo y señor de ella.

Hace unos meses, conversando con una amiga psicóloga, hablamos del estrés. Me dijo: "Cuando te sientas estresado, cierra los ojos e imagina que caminas por la orilla de la playa, que respiras el aire con sabor a salitre, que te acompañan los seres que más quieres en la vida y que el agua tibia del mar acaricia tus tobillos. Disfruta el paseo. Imagina lo que quieras, hasta que ves un tiburón frente a ti en forma de inocente mariposa".

Yo le respondí: "Estoy de acuerdo con todo, pero lo del tiburón me parece una locura". Ella sentenció: "Una locura sería verlo con sus fauces abiertas".

Nunca perdamos el poder de la imaginación. ¿Por qué no ser un eterno Principito?

Para luchar por alcanzar el éxito, primero hay que imaginar ese éxito y después soñarlo.

La obediencia
y sus límites

*"La libertad sin obediencia es la confusión,
y la obediencia sin libertad es esclavitud".*
William Penn

❝ A los padres siempre se les hace caso". Esa es la primera gran
lección que aprendemos en la vida. Cuando somos pequeños
nos preparan la mente para obedecer cada uno de los consejos y
mandamientos de nuestros padres. Es positivo que sea así, por cuanto
la disciplina crea la base para la educación de los hijos, y también los
protege. Un niño obediente es tranquilidad para mamá y papá.

Con el paso del tiempo, muchas veces los papeles cambian. Cuando los
padres son ancianos, somos los hijos quienes exigimos obediencia
y, en ocasiones, utilizamos hasta el mismo regaño "amenazante",
del que muy pocos escapamos cuando fuimos chicos. Oyes decir:
"Papá, no hagas eso. Te lo he dicho mil veces" o "Mamá, dile a papá
que se tome la pastilla o se las verá conmigo". Aunque es grande la
vida, en pocos años da un giro completo.

Esa exigencia de una y otra parte, en diferentes momentos de nuestra
existencia, es muy hermosa porque brota del cariño. Además, nos
deja un mensaje: nacemos y morimos obedeciendo. Pero ¿qué
sucede durante ese tramo en que no estamos bajo la égida de los

padres ni de los hijos? ¿Cómo manejamos la obediencia mientras somos adultos y luchamos por nuestros sueños?

Apelo a la sabiduría del obispo y filósofo San Agustín, quien en una época muy temprana, como el siglo V de nuestra era, predicaba: "Obedeced más a los que enseñan que a los que mandan". El legado de San Agustín trasciende por mucho el ámbito religioso, dentro del cual desarrolló su obra. Era un ferviente seguidor de Jesucristo, a quien consideró su maestro.

Cuando nos independizamos, todo cambia. Toman cuerpo las palabras de San Agustín porque, a partir de ahí, depende de nosotros, de nadie más, decidir a quién obedecemos y a quién no. Sin embargo, nunca debemos eliminar la idea de que nacimos para aprender a obedecer. Somos animales racionales, y la necesidad de trazar pautas e imponer límites con el objetivo de vivir en un mundo ordenado, ajeno al caos, nos obliga a hacerlo.

Si de mayores decidimos estudiar, tenemos que acatar las disposiciones de los profesores; si trabajamos, existe un jefe cuyas órdenes hay que cumplir, nos gusten o no; si conducimos un auto, hay que respetar las señales de la vía, a pesar del apuro y la agitación de la sociedad moderna; si practicamos una religión, reverenciamos sus dictámenes espirituales. Y así sucede con todo o casi todo.

Sin darnos cuenta, nuestra vida transcurre bajo el manto de la obediencia.

¿Es ilimitada nuestra disposición a obedecer? ¡No lo es! Todo tiene su límite y la obediencia termina, o debe terminar, cuando esta implica subordinar la conciencia y la espiritualidad. Cuando comenzamos a desobedecer nuestros propios sueños. Si la mantenemos, se convierte en sumisión, y esa actitud es dañina.

Al jefe lo obedecemos. Él traza pautas de trabajo y exige, pero no tenemos que ser sumisos, sino sencillamente disciplinados. Un niño acata a veces las órdenes de sus padres porque sabe que le conviene, tiene una inteligencia natural increíble o por cariño. Pero, en muchas ocasiones, en su yo interno prevalece la rebeldía, la inconformidad por hacer algo que no le place. Obedece, pero no es sumiso; eso mismo sucede cuando somos disciplinados y obedecemos las reglas del jefe.

Lo pernicioso es obedecer los sueños de otro, a expensas de los
nuestros. Hasta ahí la cultura de la obediencia.
La disciplina no implica tener que cumplir la voluntad y los sueños
ajenos. ¡Ese es el límite!

*Lo pernicioso es obedecer los sueños
de otro, a expensas de los nuestros.*

Huir de la mediocridad

"Para abrir nuevos caminos
hay que inventar; experimentar; crecer,
correr riesgos, romper las reglas,
equivocarse... y divertirse".
Mary Lou Cook

*J*uan Salvador Gaviota, una fábula del escritor estadounidense Richard Bach, recrea la historia de una gaviota y su afán de cambios, su deseo de volar cada vez más alto y huir de la mediocridad de sus congéneres, quienes se han conformado con divisar el mar a pocos metros de altura y únicamente piensan en comer.

Más que tener la intención, Juan Salvador Gaviota siente la necesidad de cambiar, se motiva por llegar cada día más alto, por conocer nuevas experiencias, y lo hace por encima de todos los contratiempos, incluso de su propia bandada, que lo llama renegado y lo tilda de querer ser un águila.

Los seres humanos, como le sucede a la gaviota de la fábula, también pagamos en ocasiones precios muy elevados por el solo hecho de motivarnos y soñar con el cambio. Sin embargo, estar dispuestos a cambiar es preciso para nuestras aspiraciones de alcanzar el éxito. No hacerlo es quedarse adormecidos en el pasado, es no mirar el futuro como un tiempo que también nos pertenece, pero que hay que conquistar en el presente.

La sociedad humana ha estado siempre en constante evolución. Hoy, más que nunca, el desarrollo vertiginoso, a veces avasallador, de la ciencia y la técnica pone a prueba nuestra capacidad de transformación, de saber adaptarnos a los nuevos tiempos, a los inventos y a los descubrimientos más asombrosos que se suscitan casi a diario. En la medida en que lo logramos, estamos mejor preparados para alcanzar el éxito por una simple razón: marchamos a la par con los tiempos.

Pensar en el pasado muchas veces es bello. Puede hacer brillar el halo de la melancolía, ese sentimiento que para algunos es la expresión más alegre de la tristeza y, para otros, la expresión más triste de la alegría. Nada malo existe en recrearse y recordar las cosas buenas que nos sucedieron ayer.

Lo malo es quedarnos enquistados en el pasado. Si esto ocurriese, perderíamos la perspectiva del futuro y dejaríamos rezagada la necesidad de cambios. Ya no veríamos el presente como motor impulsor hacia un futuro promisorio y cargado de éxito.

Si damos rienda suelta a experiencias pasadas y aceptamos que, de una forma u otra, nos retengan, estamos desperdiciando una oportunidad para cambiar nuestras vidas, nos estamos dejando llevar por falsos conceptos tradicionalistas. Es cierto que muchas veces nuestro entorno, familiar o social, no propicia el cambio, como sucede con la bandada de Juan Salvador Gaviota.

En casos como esos, no nos queda otra alternativa que hacer lo mismo que el protagonista de la fábula: cambiar nosotros mismos, luchar por nuestros sueños sin mirar atrás, a pesar de la reticencia de otros, con el único propósito de estar a tono con nuestro tiempo e ir en pos de nuestros anhelos y, por supuesto, del éxito.

Bienvenida, entonces, esta gran frase del maestro Anthony Robbins:
"Nada ha cambiado, solo yo he cambiado, por eso todo ha cambiado".

Estar dispuestos a cambiar es preciso para nuestras aspiraciones de alcanzar el éxito.

Agradecimientos

Este libro es el resultado de un esfuerzo que he liderado junto a mi *team* de Cala Enterprises. Sin ellos, no estarías leyendo estas líneas. Agradezco a Bruno Torres Jr., CEO de la empresa, por compartir su tiempo y energía con todos nosotros. También a Bruno Torres Sr., por sus ideas y su dedicación. A mi querido Michel D. Suárez, jefe de contenidos y responsable de que mis columnas se distribuyan en publicaciones de todo el mundo hispano.

A Augusta Silva, gerente general y productora ejecutiva de Cala Enterprises, por su incansable aporte. A Elsa Tadea, responsable editorial de la web www.IsmaelCala.com. Gracias a Franklin Mirabal, Omar Charcousse, Lilia Piccinini, Tamara Zyman, Deyvis García, Gsus Monroy, Annabella Pashell, Andrea da Gama, Héctor Rodríguez y René Álvarez por ser parte de nuestro equipo e inspirarnos cada día.

Un agradecimiento de corazón al fabuloso equipo de V&R Editoras, en especial para Marcela Luza y María Inés Redoni, por el extraordinario trabajo que han desarrollado.

Y un saludo muy especial a directores, editores y periodistas de los medios que publican mis columnas cada semana, en países como Argentina, Bolivia, Canadá, Colombia, Costa Rica, Ecuador, El Salvador, España, Estados Unidos, Guatemala, Honduras, Nicaragua, Paraguay, Puerto Rico, República Dominicana y Venezuela.

Dios es amor, hágase el milagro.

¡Tu opinión es importante!

Escríbenos un e-mail a
miopinion@vreditoras.com
con el título de este libro en el "Asunto".

Conócenos mejor en:
www.vreditoras.com

Más información en:
facebook.com/vreditoras